ワードマップ

現代エスノグラフィー

新しいフィールドワークの理論と実践

藤田結子・北村 文 編

新曜社

はじめに

本書は、エスノグラフィーの「新しい」アプローチを学ぶための入門書である。これまで、エスノグラフィーやフィールドワークの基本的な方法に関する多くの入門書が出版されてきたが、数々の「新しい」アプローチをまとめた日本語の入門書は見あたらなかった。この「新しい」というのは、「ここ数年」というような新しさではなく、従来からのエスノグラフィーやフィールドワークの方法論に対して、「新しい」という意味である。

この本は、とくに一九七〇年代頃から広まってきた諸アプローチの解説を目的としているが、それ以前から用いられている方法に比べて「新しい」ものが優れているとか正しいとか主張するためではない。そうではなく、さまざまなアプローチが生まれた背景を解説し、自分自身の研究にとって適切な調査方法をじっくり考えるための知識を提供することをめざしている。その理由を次の具体例で説明しよう。

あなたは大学の時間割を決めるため、シラバスを眺めている。すると「エスノグラフィーA」という授業を見つけた。外に出かけて調査をするようだし、ただ講義を聴いてノートを取るよりは、手や体を動かしたほうが楽しそうだ。すぐに受講を決めた。初回の授業で、A先生は「現場で参加して観察する参与観察は科学的な調査法であるから、適切な訓練が必要である」と言う。友達によると、A先生は参与観察の権威。それから調査の現場に入るための手紙の書き方から、トイレに入ってメモを取るタイミング、フィールドノートの書き方まで、数カ月間みっちり特訓を受けた。毎週五時間のフィールドワークを行なって、フィールドノートも添削してもらった。すっかり科学的な参与観察法を身に着けた。

あなたは参与観察のおもしろさを知り、大学院でも学ぶことにした。参与観察の技術をさらに向上させようと、新しく赴任してきたB先生の「エスノグラフィーB」という授業を取ることにした。これまでのフィールドノートや方法論をまとめたノートを持って、B先生の授業に意気揚々と臨んだ。ところがB先生は冒頭で、「この授業では参与観察の訓練はしません」。驚きのあまり「なぜですか」と質問すると、先生は「科学的な方法を身に着けることは必ずしも真実を発見することにはつながらない。場合によっては調査の現場にたった一日行ってインタヴューをするだけでもいい」と、これまでの方法論を否定するような言葉を続けた。それよりも、フィールドに入って調査をしようとするならば、「まず自分が誰でどのような立場から現場にいる人々と関わって、何をどのように書こうとするのか、深く考えてみることが重要だ」と。

この話が例示するように、AとBの相反する調査方法をいきなり教えられれば、どちらが「正しい」方法なのかわからずに混乱するだろう。あるいは、Aだけ、Bだけを教えられれば、片方の方法だけを信じてしまうことになる。それよりも異なるタイプの方法論が存在する事情をよく理解したうえで、自分自身はどの方法をとるのか、あるいは自身で方法を編みだしていくべきなのか、判断するほうが質の高い研究を生むことができるだろう。

前記の例でいえば、Aの方法論に関する優れた入門書はすでに数多く出版されている。そこでこの本は、Bの方法論に基づく、あるいはそれに関連するさまざまな「新しい」アプローチを紹介し、エスノグラフィーの方法を幅広く学ぶうえで一助となるようめざしたい。

ここで重要なことは、「新しい」アプローチにもそれぞれ弱点がありエスノグラフィーの方法上の問題をすべて解決できるわけではない、ということだ。そこで、第二部・第三部の各項目の最後に「残された課題」という小見出しで、各アプローチにどのような問題があるのかについて検討をくわえている。

本書の主な読者としては、エスノグラフィーやフィールドワークを用いて論文を書こうとする大学生や大学院生、および現代におけるエスノグラフィーの展開について基本的知識を得ようとする研究者を想定している。

この本の執筆者は、社会学や文化人類学などを専門とする一四名であり、各自の専門分野に関する項目を担当した。この一四名のエスノグラフィーに対する考え方はさまざまである。従来からのアプローチを用いている者もいれば、「新しい」アプローチを取り入れている者もいる。全員に共通していることは、あらゆるエスノグラフィーの方法に関心を持っているということだろう。それは、現場に入って人々や文化を深く理解するためには、方法論に関する多様な議論に耳を傾け、自分の研究にとって最も適切な調査方法を考えていかなければならないからである。

本書の構成

第一部は、エスノグラフィーについて初めて学ぶ読者のために、一九七〇年代頃からのエスノグラフィーの状況に関する基本的なことがらを解説をする。最初の項「エスノグラフィー」ではエスノグラフィーとは何かを説明し、二項から六項では現代エスノグラフィーの展開に関して、とくに重要だと思われる五つの項目――「『文化を書く』」「自己再帰性」「ポジショナリティ」「表象の政治」「ポスト構造主義とポストモダニズム」――を取り上げる。すでに現代エスノグラフィーの展開に関する基本的知識のある読者は、第二部から読み始めてもよいだろう。

第二部は、エスノグラフィーの「新しい」アプローチを取り上げて解説する。主に前半の「アクティヴ・インタヴュー」「フェミニスト・エスノグラフィー」「ネイティヴ・エスノグラフィー」「当事者研究」「アクション・リサーチ」「ライフストーリー」は、日本国内でも議論や応用がなされている方法である。後半の「チーム・エスノグラフィー」「オートエスノグラフィー」「オーディエンス・エスノグラフィー」「マルチサイテッド・エスノグラフィー」は、国内では議論や応用がまだあまりなされていない方法である。

第三部は、第二部で解説した各アプローチがどのように調査に応用されているのかを紹介することを目的としている。とくに学生が論文のテーマとして選ぶことの多い九つの研究分野――「アイデンティティ」「ジェンダー・セクシュアリティ」「人種・エスニシティ」「学校」「医療・看護」「障害」「生／ライフ」「社会運動・ボランティア」「メディア・大衆文化」――を取り上げ、各分野につき三冊程度のエスノグラフィーを紹介している。その際、各エスノグラフィーに、第二部で紹介したどのアプローチが用いられているのかを明記した。また、日本語で書かれ、大学や公共図書館で入手しやすいもの（主に本）を紹介するように努めた。

この本の有効な利用法は、第二部で「新しい」アプローチについて学び、第三部で各アプローチが応用された研究例を読むという方法である。そのため、第二部の各項の冒頭に、第三部へ飛ぶためのリファレンスを記載している。つまり、第二部を読んでその具体例が知りたいときは、そのまま第三部へ飛んで応用研究の解説を読んでいただきたい。

第四部は、フィールドへ実際に入ったときに、調査者が出会う問題を取り上げる。各項で取り上げるテーマは、第二部のアプローチが指摘する問題とも重なりあっている。学生がレポートや学位論文を執筆するために入ったフィールドでトラブルに巻き込まれる話は枚挙にいとまがない。だが既存のフィールドワークの入門書には、フィールドで出会う問題について具体的に書かれたものは少なかった。そこで、フィールドで出会う問題について事前に考え準備することができるように、「調査の説明と同意」「権力」「親密性」「守秘義務と匿名性」「利益」という五つの項目を設定し、それぞれ詳細な説明をくわえた。また最後に、大学院生や若手研究者がフィールドでどのような問題に出会ったのか、その体験談を「フィールドからの声」にまとめた。

本書を通して、エスノグラフィーのおもしろさ、いわば「うまみ」を感じ取ってもらえたら、と執筆者一同は願っている。

藤田結子

どこで	どのように	何のために
	能動的に協働して情報を構築	解釈の実践、多元的な語り
	共感と連帯、しかし裏切りや搾取の可能性も	女性の経験・女性間の差異の可視化
	集団の内側から	表象の政治批判
		問題への対処
	協働	変革、エンパワーメント
	協働、データ共有、多声的アプローチ	視点の複数化、フィールドの拡大
	対話的構築、相互行為の積み重ね、時間性	個人の生の全体性への接近、経験の生成
	感情経験の内省的喚起	知の制度批判
メディア利用の場	ともに視聴、消費	メディアが利用・解釈される文脈に注目
複数の場所	移動	グローバル化する世界の理解

／何を（調査するテーマ）」「どこで（場所）」「どのように
なお破線で示すように、調査の主体（「誰が」）と調査の対象
代エスノグラフィーの特徴のひとつである。

一覧

	誰が	誰を／何を
アクティヴ・インタヴュー	質問者	回答者
フェミニスト・エスノグラフィー	女性調査者	女性調査協力者
ネイティヴ・エスノグラフィー	ネイティヴである調査者	自分の所属集団
当事者研究	当事者（自分の問題を自覚した人）とピア・グループ	自分の問題
アクション・リサーチ	調査者と現場の人々	現場で生起する問題
チーム・エスノグラフィー	複数の調査者または調査者と現場の人々のチーム	調査協力者
ライフストーリー	調査者	調査協力者
オートエスノグラフィー	自分	自分
オーディエンス・エスノグラフィー	調査者	メディアの視聴者・読者
マルチサイテッド・エスノグラフィー	調査者	調査協力者・モノ・情報など

本書で紹介するアプローチの特色を、「誰が（調査者）」「誰を
（方法）」「何のために（目的）」の５つの観点から一覧にした。
（「誰を／何を」）のあいだの境界が問われ、揺らぐことも、現

現代エスノグラフィー――目次

第三部　応用研究

第四部　フィールドで出会う問題

装幀――加藤光太郎

第一部

現代エスノグラフィーの展開

ジェイムズ・クリフォード（左）とジョージ・E・マーカス（右）
（© James Clifford）

エスノグラフィー

現場を内側から経験し記述する

フィールドワーク、エスノグラフィー、参与観察……。大学の外に出て調査を行なってみようと本を手に取ると、これらの用語をたびたび目にするだろう。この三つの野外調査に関する用語はよく同義語として使われているが、厳密にいえばまったく同じ意味を持つわけではない。最もよく見かける**フィールドワーク**（fieldwork）という語は、野外でのあらゆる調査活動——見る、聞く、話す、解釈する、記録する——を表わす、広い意味で用いられる語だ。また、サーベイなどの量的調査法では、（研究室の）外に出て人々に質問紙を配布することや、アンケートを取ることを「フィールドワーク」と呼んだりする。また、山で動物や植物の観察をすることや、企業や農村を訪れて見学することを「フィールドワーク」と呼ぶこともある。

では、**エスノグラフィー**という語は何を意味するのだろうか。フィールドワークとは何が違うのだろうか。まず、英語の ethnography という単語は、ethno（民族）と graphy（書くこと）という二つの要素で構成されていて、「民族に関する記述」という意味がある。そしてこのエスノグラフィーという語は、主に、（一）調査方法論、

（二）調査に基づき書かれた研究成果、という二つの側面で用いられている。

エスノグラフィーとは何か

一つめの調査方法論としてのエスノグラフィーは、**参与観察**（participant observation）[1]を基本としている。参与観察とは、調査者が研究テーマに関わるフィールドに自ら入って、人々の生活や活動に参加し、観察を行なう調査法である[2]。

調査者は、数カ月から数年にわたって、フィールドで観察したり、活動に参加したりする。また現場にいる人々から個別に話を聞く機会を設けてインタヴューを行なうこともある。そして、フィールドで見聞きしたり考えたりしたことを、フィールドノートに日々記録し、これをデータとして分析に用いる。

フィールドとなる場所は、学校、会社、病院などの組織や、コミュニティやストリートなど、研究テーマに応じて多種多様だ。たとえば社会学者のスディール・ヴェンカテッシュは、大学院生のときにシカゴのゲットーに通い、麻薬売人ギャングの若者たちの仲間となって（参加する）、彼らの活動や人間関係について見聞きし（観察する）、論文を書き上げている[3]。

人々の生活や関係、組織の仕組みなどを理解しようとすれば、実際にそのものを見たり体験したりしてみないとわからないことも多い。そこで現場に入っていく方法が必要となるのである。参与観察は、実際に経験し、また内側から観察することによっ

（1）参与観察の詳しい方法については、佐藤郁哉『フィールドワークの技法』（新曜社、二〇〇二年）、小田博志『エスノグラフィー入門』（春秋社、二〇一〇年）、箕浦康子『フィールドワークの技法と実際――マイクロ・エスノグラフィー入門』（ミネルヴァ書房、一九九九年）などを参照するとよい。

（2）参与観察も一種のフィールドワークだといえる。

（3）スディール・ヴェンカテッシュ『ヤバい社会学――一日だけのギャング・リーダー』東洋経済新報社、二〇〇九年。

て、現場を包括的に理解することをめざす方法だといえる。

エスノグラフィーはこのような参与観察を基本とするものである。しかし最近では、（参与観察をともなわない）インタヴュー、研究者の自伝（**オートエスノグラフィー**）、文書や映像・音声などの分析、**ライフストーリー**、**オーラルヒストリー**などの**質的調査法**も、[4]しばしば「**エスノグラフィックな**」（ethnographic）調査法と呼ばれている。前記のさまざまな方法の共通点を一言で表わすならば、人や文化について「記述すること」を重視していることだろう。言い換えれば、主要なデータとして記述を用いる方法が、「エスノグラフィックな」方法と（自）称されるようになってきている。

したがって、エスノグラフィーには参与観察を用いる狭義のエスノグラフィーと、参与観察以外の質的調査法も含める広義のエスノグラフィーがある。しかし、参与観察とそれ以外の質的調査法に「エスノグラフィー」というラベルを貼ってまとめて分類することへの批判もある。その大きな理由は、研究者の自伝などは現場に入っていく参与観察とは異なり、経験的な社会調査とは言いがたいからである。[5]

本書は、以上の批判を重視しつつ、エスノグラフィーという語をあえて広義の意味で用いることにしたい。なぜなら、本書はエスノグラフィーの「新しい」アプローチを解説することを目的としており、便宜上、これらの質的調査法を包括的に表わす用語が必要だからである。

二つ目の研究成果としてのエスノグラフィーは、したがって、参与観察に基づいて

（4）参与観察、インタヴュー、歴史文書などを用いて、記述を中心とするデータを集め分析する調査方法の総称。対比として数値データを分析する**量的調査法**がある。

（5）この傾向を批判する重要な文献として、Herbert J. Gans, "Participant Observation in the Era of 'Ethnography,'" *Journal of Contemporary Ethnography*, 28(5), 1999.

書かれた論文や本にくわえて、それ以外のエスノグラフィックな調査法に基づいて書かれた論文や本も含めることになる。このような研究成果としてのエスノグラフィーは日本語で「**民族誌**」とも呼ばれている。[6] 一般的に、エスノグラフィーは文字を使用した記述を中心に構成されているが、写真や映像・音声などのメディアも利用されている。

要するに、エスノグラフィーとは調査方法論であり、そのプロセス（過程）とプロダクト（成果）の両方を指すのである。

（6） 英語の「ethnography」は調査方法論としての意味が強いが、日本語の「民族誌」は研究成果の意味が強い。

伝統的なエスノグラフィー

伝統的なエスノグラフィーの特徴として、「民族に関する記述」という意味を持つことからもわかるように、「異文化」や「他者」を対象としてきたことがあげられる。エスノグラフィーはもともと、異文化を研究する学問である文化人類学に始まり、イギリスやアメリカなどの欧米の大学に籍を置くミドルクラスの白人の研究者が中心となって発展してきた。

たとえば、二〇世紀の代表的な人類学者ブロニスラフ・**マリノフスキー**[7]は、現在の民族誌の原型とされる『西太平洋の遠洋航海者』（一九二二年）を著した。彼は、ニューギニア島東沖にあるトロブリアンド諸島に計二年間滞在し、現地の人々の生活を観察しながら、「クラ」と呼ばれる腕輪や首飾りの儀礼的交換システムについて研究

（7） マリノフスキーは、ポーランド生まれのイギリスの人類学者。人類学の確立に中心的役割を果たした。彼によって、フィールドワークが人類学の主要な方法として位置づけられるようになった。

を行なった。また、マリノフスキーの教え子であり、オックスフォード大学で教鞭をとったエドワード・E・エヴァンズ＝プリチャード(8)は、『アザンデ人の世界』（一九三七年）、『ヌアー族』（一九四〇年）などの優れた民族誌を発表した。

アメリカでは、「アメリカ人類学の父」と呼ばれるフランツ・ボアズ(9)が人類学をアメリカの大学に制度化した。ボアズの教え子であるマーガレット・ミードは二七歳のときにベストセラーとなる『サモアの思春期』を出版している(10)。

社会学もエスノグラフィーを積極的に採り入れてきた学問分野である。二〇世紀前半、シカゴ学派と呼ばれるシカゴ大学の社会学者たちによって、優れた民族誌が数多く生まれた。シカゴ大学で学んだウィリアム・F・ホワイト(11)が書いた『ストリート・コーナー・ソサエティ』（一九四三年）は、後の社会学における民族誌の手本となった。ホワイトは、イタリア系移民が集住するボストンのスラム地区に三年半の間住み、現地の若者たちと行動をともにしながら参与観察を行なった。そして、無法地帯といわれたイタリア系スラムのギャングやコミュニティが、実は独自の秩序を維持していることを明らかにした。

このように、エスノグラフィーは、欧米の白人研究者によって発展を遂げてきた。また、調査者には男性が圧倒的に多く、女性は少なかった。文化人類学では、南米やアジア、オセアニア、アフリカなどのフィールドに赴き、現地の人々の生活や社会を観察するという形で調査が行なわれてきた。社会学では、都市に見られるスラムや移

(8)　エヴァンズ＝プリチャードは、イギリスの人類学者。彼は、人類学は法則を追究する科学主義から人文主義に転換するべきであると提唱した。また、「文化の翻訳」の難しさや重要性について指摘した。

(9)　ボアズはドイツ生まれのアメリカの人類学者。コロンビア大学で教鞭をとった。彼は北米の先住民族のフィールドワークを行ない、「文化相対主義」という重要な概念を提唱した。

(10)　ミードはアメリカの人類学者。彼女は、後のフェミニズムに影響を与えるなど、人類学界を超えて活躍した。また、ミードの死後、オーストラリアの人類学者デレク・フリーマンが、『サモアの思春期』のなかでのミードの誤解や未熟さを暴き、論争を引き起こした。松村圭一郎『ブックガイドシリーズ 文化人類学』（人文書院、二〇一一年）の「ミード『サモアの思春期』」を参照。

民コミュニティを対象に参与観察が盛んに行なわれてきた。社会学における参与観察の知見は、社会の主流から外れている人々に対する理解を深めたり、そのステレオタイプ的イメージを変えたりすることに貢献できると考えられている。[12]

また、このようなエスノグラフィーは**実証主義**の影響の下に展開してきた。実証主義は、「真理が存在する」ことを前提としている。つまり、科学的知識は客観的なものであり、科学的方法にしたがってデータを集めれば真実に近づける。したがって、エスノグラフィーにおいても、適切な調査法を訓練によって身につけ、現地で発見した「事実」を「客観的に」記録しさえすれば、優れた民族誌を作成することができる。さらに、調査者の主観を取り除いて、価値中立的に観察したり分析したりすることも可能だと考えられてきた。

しかし七〇年代以降、このような伝統的なエスノグラフィーのあり方に対して疑問が投げかけられ、異議が唱えられるようになっていった。これには、次項から見ていく**ポスト構造主義**の思想や、ジェイムズ・クリフォードとジョージ・E・マーカスによって一九八六年に出版された一冊の本『**文化を書く**』が大きく影響を与えたのである。[13]

(11) ホワイトはシカゴ学派の系譜をひくアメリカの社会学者。コーネル大学で長年教えた。

(12) Gans, *op. cit.*, p. 540.

(13) 「『文化を書く』」「表象の政治」「ポスト構造主義とポストモダニズム」の項を参照。

『文化を書く』

エスノグラフィー批判の衝撃

一九八六年に歴史学者ジェイムズ・クリフォードと人類学者ジョージ・E・マーカスが出版した一冊の本が広く論争を巻き起こした。従来の文化人類学を批判する『文化を書く――エスノグラフィーの詩学と政治学』(1)。それ以降、エスノグラフィーをめぐる議論は大きく変わっていった。このエスノグラフィーをめぐる論争と変化とはどのようなものなのだろうか。

エスノグラフィーを先導してきた学問分野といえば文化人類学である。その文化人類学では、主に欧米出身の白人の人類学者たちが、南米やアジア、オセアニア、アフリカなどのフィールドに赴き、現地の人々の生活を観察するという形で調査が行なわれてきた。人類学者たちは、現地で発見した「事実」を「客観的に」記録し分析することを最も重要な作業だとみなしていた。また、「科学的な」方法にしたがって調査さえ行なえば、優れた民族誌を作成することができると考えていた。そして、自分たちが異文化を「書く」「記述する」という行為自体に対しては、疑いを抱いていなかった。

(1) この本は編者の二人を含む九人の人類学者や言語学者の論文から構成されている。邦訳は、『文化を書く』春日直樹・足羽与志子・橋本和也・多和田裕司・西川麦子・和邇悦子訳、紀伊國屋書店、一九九六年。

しかし、**ポストモダン思想**(2)の影響のもと、クリフォードやマーカスらが、このような「科学的」とされる調査や記述にも、実は、文学的な要素や政治的な意図が潜んでいることを指摘した。自分たち自身を含む「西洋」の人類学者が特権的な立場から、「非西洋」の文化を一方的に「客観的事実」として書くことはできない、と従来の文化人類学のあり方を厳しく批判したのだ。とくに、クリフォードは『文化を書く』のなかの「部分的真実」と題する序論で、次のような問題点をあげた。

• 書き手は意図的に取捨選択をしている

民族誌の書き手は、特定の人の意見について書き、それに一致しないさまざまな声を黙らせることがある（たとえば、「Aさんは違うと言った」とAさんの意見のみ記述することによって、「違う」ということが真実として読み手に伝わる）。また、「Aさんはこう語っていた」という形で引用法を用いて、他者にとってのリアリティを翻訳してしまうこともある。書き手が無関係であるとみなせば、ある個人的環境や歴史的環境は記述から排除されてしまう。さらに書き手には、暴力的感情・行為、過剰な喜び、ひどい混乱状態、重大な失敗など、自分自身の感情や失態については書かない傾向がある。

• 記述自体がレトリックの制約を受けている

「民族誌は文学的な性質を持つ」ということは長い間主張されてきた。書き手は、

(2)「ポスト構造主義とポストモダニズム」の項を参照。

自分が用いる言語の慣習的な表現を使って文章を書く。文化現象を整理し記録するとき、メタファーや比喩的表現などの修辞法がその記述に深く影響を及ぼす。比喩や寓話を排除することができず、そこに意味を取捨選択したり、付け加えたりしてしまう。

• 調査する側と調査される側の間に非対称的な権力関係が存在する

調査者が特権的な立場から調査される人々について一方的に書いて発表する、という不平等な関係があるのではないか。民族誌のなかで、書き手は自分の声に広い領域にわたる権威的な役目を与える。その一方で、調査される人々の声には引用や言い換えに使用する情報源としての「**インフォーマント**」という役目を与える。この非対称な権力関係には、自分こそが文化を表象するのだと主張してきた「科学」の特異な性質が見られる。

• 文化人類学という学問は「西洋」の権威を前提に成り立っている

そもそも文化人類学という学問は、過去ばかりでなく現在でも、**植民地主義**を内包しているのではないか[3]。というのも、文化人類学において、先進国の人類学者が優越的な立場から、南米やアジア、オセアニア、アフリカなどの社会を研究対象として分析するという形が主流となっていることには変わりがない。その一方で、ほかの社会を描写する「西洋」の能力への不信はますます高まっている。

• 民族誌は、書き手が誰であり、どのような制約下にいるのかに影響される

民族誌は書き手の属性や状況に左右されるのではないか。それならば民族誌のなか

(3) 民族誌的権威の問題は、クリフォードを中心に繰り広げられたが、これにはエドワード・サイードの『オリエンタリズム』の影響が見られる。このオリエンタリズムに関する議論の詳細は、「表象の政治」の項を参照。

で、語るのは誰か、書くのは誰か、いつ、どこで、誰と一緒に、あるいは、誰に対して、また、どのような制度上の制約や歴史的制約のもとで書かれたのか、話されたのかなどをはっきりさせる必要がある(4)。

●民族誌の真実とは、本質的に「部分的真実」である

要するに、民族誌に描写される真実は、唯一の絶対的な「**真実**」(the truth) ではなく、複数の「**部分的真実**」(partial truths) だといえるだろう。民族誌を書くという行為には、「科学」「客観性」のもとに排除されてきた「フィクション」「主観性」という要素が潜んでいる。もちろん、これは民族誌が「偽り」ということを意味しているのではない。民族誌の書き手や読み手は、文化的真実や歴史的真実の部分性、つまり、真実といわれているものが実はいかに故意に整理されていて、排他的であるかということを自覚しなければならない。言い換えれば、「真実」と見えるものはいつも、実は社会コードと慣習によって限定された表現の組合わせとして分析できるのだ。

以上のような問題点を指摘することによって、クリフォードは、人類学者が民族誌を書くことの自明性や正統性を批判的に問い直そうとした。そして、文化についての記述を「科学的な」研究データとみなすのではなく、書き手によって歴史的に産出され、活発に競合するものとしてとらえるべきだと提案したのである。

(4) 日本ではアメリカで人類学を学んだ日本人研究者という二重に周縁化されたポジションにいる**太田好信**が『トランスポジションの思想』(世界思想社、一九九八年)を出版し、「文化を語る権利は誰にあるのか」「何を誰にむけて語るのか」といった議論を展開し反響を呼んだ。

実験的民族誌の試み

『文化を書く』の発表前後から、同様の問題意識に基づき、いくつかの実験的な民族誌が出版されてきた。その代表作として、ポール・**ラビノー**の『異文化の理解』（一九七七年）、ヴィンセント・**クラパンザーノ**の『精霊と結婚した男』（一九八〇年）、ドリーン・**コンドウ**の『織りなされる自己』（一九九〇年）などがよく挙げられる。[5]

実験的民族誌では、『文化を書く』で指摘されたような問題点を乗り越えようと、さまざまな試みが提唱されている。そのうち最もよく見られるものは、**自己再帰的**[6]なフィールドワークの報告だろう。そこでは「私」という一人称単数が用いられ、エスノグラファーが舞台の中央に登場する。自分自身の欲望、混乱、奮闘、取引など、以前は「無関係」であった話題を記述することによって、公開討論の場が提供される。

また、書き手自身を個人として描く一方で、インフォーマントたちを一般化する書き方が見直された。たとえば、バリでの観察を記述する際に、「バリ人の常として～」と一般化して書くのではなく、「（バリ人の）Aさんは～」と特定し、調査に関わった人々についても個人として書くことが推奨される。

さらに、民族誌の作成には現地の人々の協力が不可欠だったということを自覚し、民族誌を両者の共同作業として捉えなおす動きがおきた。また、エスノグラファーと現地の協力者との対話として、あるいは現地の多数の協力者の声が聞こえるような**多声性**を重視して、民族誌を書こうとする試みも行なわれている。

（5）ポール・ラビノー『異文化の理解――モロッコのフィールドワークから』井上順孝訳、岩波書店、一九八〇年。ヴィンセント・クラパンザーノ『精霊と結婚した男――モロッコ人トゥハーミの肖像』大塚和夫・渡部重行訳、紀伊國屋書店、一九九一年。Dorinne K. Kondo, *Crafting Selves: Power, Gender, and Discoures of Identity in a Japanese Workplace*, Chicago: University of Chicago Press, 1990.

（6）詳しくは「自己再帰性」の項を参照。

『文化を書く』以後のエスノグラフィー

『文化を書く』が広く論争を巻き起こしたのは、植民地が次々と独立していった当時の世界情勢によく合致していたからだと言われている。[7]しかし、『文化を書く』やそのほかの著作が民族誌のあり方を批判的に問い直してきたにもかかわらず、全体的にみれば、民族誌を書くという作業や記述にいまだ大きな変化はみられない。また、実験的民族誌については、大きな研究成果をあげるまでには至っていないという評価がなされている。

今日の文化人類学や社会学は、明らかに『文化を書く』を通して広まった議論や一連の研究の影響を受けている。しかしその主流派には、これらの議論や研究に対して軽蔑的に「ポストモダン〜」というレッテルを貼り、特殊な立場として位置づける傾向が見られる。しかし、急速に人や情報のグローバリゼーションが進展する現在、世界はいっそう脱中心化し、西洋が特権的な立場から「客観的事実」を記述するというエスノグラフィーのあり方が全面的に支持されることはもはやないだろう。それは、社会の主流派が特権的な立場からマイノリティについて書く、という形の民族誌の批判的問い直しにも繋がる動きなのである。

(7) このような文化人類学の流れについては、桑山敬己「民族誌論」(綾部恒雄編『文化人類学二〇の理論』弘文堂、二〇〇六年)、松村圭一郎『ブックガイドシリーズ 文化人類学』(人文書院、二〇一一年)の「クリフォード、マーカス編『文化を書く』」を参照。

自己再帰性

他者へのまなざし、自己へのまなざし

一九八六年に出版された『文化を書く』の表紙写真を見てみよう。一九六三年のインドである。手前には、白人男性の調査者、『文化を書く』の執筆者のひとりであるスティーヴン・タイラーが、ノートを抱えこむように何かを一心不乱に書きつけている。その背後には男性がひとり、幼児を抱いた女性がひとり、そして斜め後ろに少年がひとり、タイラーのことを見ている。彼ら彼女らはタイラーが観察し、聞き取りを行なった、現地の**インフォーマント**（情報提供者）に他ならない[1]。

伝統的なエスノグラフィーにおいて、見る存在はひとり、すなわち、タイラーのみである。しかしこの写真が如実に示すように、実際の調査現場ではこの関係が逆転すること、すなわち、インフォーマントであったはずの彼ら彼女らが調査者であるタイラーのことを見ている瞬間がある。彼ら彼女らはタイラーのことをどのようにとらえ、話しあい、そしてこのあとタイラーに対して、何を語るのだろう。見られていたはずの者が見ている、見せている、そして、見ていたはずの者が見られている、見せられ

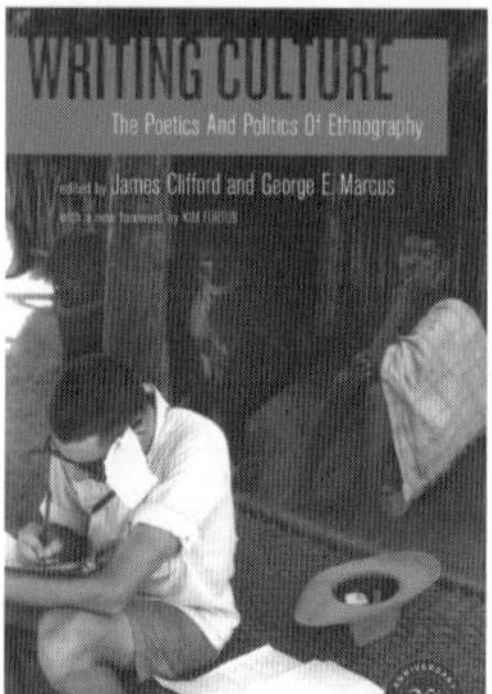

（1）ジェイムズ・クリフォード「序論　部分的真実」（ジェイムズ・クリフォード、ジョージ・マーカス編『文化を書く』春日直樹・足羽与志子・橋本和也・多和田裕司・西川麦子・和邇悦子訳、紀伊國屋書店、一九九六年）二頁。

ている。

このように、調査フィールドにおけるまなざしは、入り乱れ、交錯する。そのなかで調査者は、他者を見るだけではなく、他者に見られ、そして、そうした関係性のなかにからめとられた自分自身を見つめることになる。調査者である自分は、何を、どこで、どのような存在として、見たのか。それをなぜ、どのように、書くのか。この「自分自身へ折り返すこと」[2]を、**自己再帰性**(self-reflexivity)という。

方法論的転換

自己再帰性の概念は、「知識」を絶対視しないポスト構造主義の思想的流れをくむとともに、**表象の政治**を問題化するフェミニズムやポストコロニアリズムの理論と運動にも関連している[3]。ジェイムズ・クリフォードが言うように、「大地を上から眺めて、人間の生活様式を地図に描くような見晴らしのよい場所」は、存在せず、エスノグラファーは「**部分的真実**」(partial truths)を描き出すだけだ[4]。調査者は部分的に、断片的に、不完全にしか見ること、書くことができない、このことがエスノグラフィーの出発点となる。

したがって自己再帰的なエスノグラフィーにおいては、「知識」や「事実」そのもの――「私は何を知っているのか」――だけではなく、それらがもたらされた背景――「私はどのようにそれを知っているのか」そして「それを知っている私は誰か」

(2) 桜井厚『インタビューの社会学――ライフストーリーの聞き方』せりか書房、二〇〇二年、一〇三頁。
(3) 「表象の政治」「ポスト構造主義とポストモダニズム」の項を参照。
(4) クリフォード前掲書、三八頁。

――を描き出すことに主眼がおかれる。インタヴューであれば、誰が、どんな状況で、何を語ったのか、語り手と聞き手はどのような関係にあったのか。観察であれば、誰がどこから何を見たのか、そこには誰が関わり、それぞれがどのような解釈をしたのか。調査者自身はどのような観点を持ち、どのような経験をし、どのような感情を抱いたのか。こうした、従来はデータの背後におしやられてきたことがらにこそ、光が当てなおされるのである。

倫理的転換

同時に自己再帰的なエスノグラフィーは、「調査主体」(subject)と「調査対象／客体」(object)という伝統的な二分法、すなわち、「見る―見られる」という関係がもたらす不平等を乗り越えようともする。いっぽうだけが見るのではなく、互いに、対等な関係性のうえで、調査に関わろうという倫理的態度である。このとき、受動的な存在とみなされていた「インフォーマント」「被調査者」は、より能動的な「**調査協力者**」「**調査参加者**」ととらえなおされる。

それまで一方的に表象され、声を奪われてきた「**他者**」を、自らと対等な、主体的な存在として描き出す試みは、彼ら彼女らのエンパワーメント、そして既存の権力関係への**抵抗**につながるとも考えられるだろう。自己再帰的な調査者は、自らが産出する「知識」や「真実」がこのように政治的なものであるということに、つねに自覚的であらねばならない。客観性や科学性といった学術的砦のなかからとびだして、他者に向けるのと同じぐらいの、あるいはいっそう鋭いまなざしで、自身をみつめなおすのである。

多声性

さらに、エスノグラファーが見ることとは、その場にいる他の人々の経験や思いとは異なるかもしれない。あるいは、調査協力者たちのあいだでも、見解が異なったり意見が分かれたりすることがあるだろう。冒頭の写真の例でいうならば、エスノグラファーと、背後の男性と、女性、そして少年とが、同じことを同じように経験し、解釈するとは考えにくい。複数のアクターによる異なる「声」の存在——**多声性**——を描き出すこともまた、重要である。

そうしてもたらされる**矛盾**や**非一貫性**は、観察や分析の失敗を意味しない。むしろ、読者が調査フィールドを、そしてそのなかの人々を、より深く知る手がかりとなることだろう。たとえそれが客観的でなければ中立的でもない、「部分的」でしかない、見晴らしの悪い描写であったとしても。

ポジショナリティ

誰が、どこから、どう見るのか

調査者がフィールドにもちこむのは、調査機材だけではない。彼または彼女自身の身体があり、そこには人種やエスニシティ、ジェンダー、セクシュアリティ、年齢、国籍、地域、言語、階層、職業などの社会的属性が付されている。さらには彼または彼女が持っている、信仰とか政治的信念、そして知識や理論や思考も、とりはずしてどこかにおいてくる、というわけにはいかない(1)。

調査者はこのように、真空状態からではなく、社会によって与えられた特定の「**位置／立場**」(position)から見る、そして、書く。たとえば「日本人」であり、「女性」であり、「異性愛者」であり、「大学教員」である、というように。**ポジショナリティ（立場性）**とは、調査者がどこに位置しているのか――誰が、どこから、どう見る・書くのか――を問いかける概念である。

位置づけられる、位置づけあう

中立性や客観性を手放した、批判的なアプローチをとるエスノグラファーは、この、

(1) ケン・プラマー『生活記録（ライフドキュメント）の社会学』原田勝弘・下田平裕身・川合隆男訳、光生館、一九九一年。

ポジショナリティの問題に直面せざるをえない。他者を、たとえば「地方都市の主婦」とか「ゲイの若者」とか見なす自身もまた、出身地、ジェンダー、セクシュアリティ、年齢、職業などによって見なされているからだ。過去にこんな経験をした、とか、最近はこんな思いを抱えている、とかいう語りを聞いたとき、それはいったい、どの位置にいる自分に対して語られたのかを考えなければならない。同じ女性？　同じ若者？　都会から来たよそもの？　理解しあえない他者？　それとも、論文を書くことしか考えていない研究者？

このように、位置／立場というのは、第一に、調査者が自由自在に操作できるものでは必ずしもない。彼または彼女が一方的に、相手を「主婦」や「ゲイ」という位置に据えつけるのと同様に、彼または彼女もまた、本人の意図にかかわらず「よそもの」「研究者」という立場に立たされてしまうことがある。位置／立場とは、文脈や状況によって揺れ動く、一時的な、暫定的なものなのである。したがってそれは、第二に、ただ調査者の属性を束ねたものでもない。自分の生い立ちとか現在の状況とかをどれだけ羅列したとしても、調査の現場においてそのすべてが一挙に現われるとはかぎらないし、また、そのどれもが無視され、予測もしないような位置／立場をとらされるということもあるだろう。

このように位置づけ、位置づけられ、位置づけあうという動態的な過程をこそ、ポジショナリティの概念はさしている。それは固定的なものでは決してないから、「地方都市の主婦」や「ゲイの若者」のすべてを知れるわけではない。また、「都市在住の、異性愛の女性研究者」であれば必ずこのように見たり書いたりする、と想定することもできない。あくまでも暫定的な位置において見いだされた、「**部分的真実**」なのである。

自己開示、自己耽溺

いうまでもなく、調査者が調査対象ではなく自分自身のことを記述すること、すなわち**自己開示**は、伝統的な方法論においてタブー視されてきた。しかし、批判的エスノグラフィーにおいては、「真実」が、誰によって、どこから、どのように「部分的」に切り取られたのかが明らかにされなければならない。それは、ただ自己紹介や私語りを含めればよいということではなく、観察された行為や記録された発話が、どのような文脈で、どの位置から、どの位置に向けてなされたのかを、克明に記述するという方法論的要請なのである。

いっぽう、自分のことを書く、それも自分の経験や感情について記述するなかでは、それがともすればナルシスティックな、独善的な語りになってしまうという危険がつきまとう。また、自身の出自や背景を明らかにすれば、それだけで意識の高い調査を行なっているということにはならない、という点も重要だ。実際、調査する者の姿を明らかにしようとするあまり、それが見えすぎる、それしか見えない、そのために調査される者のほうが見えなくなってしまう、という批判もある。調査者が自分のことにばかり熱中してしまうという、**自己耽溺**の罠である。

本末転倒とも言えるこの問題を克服するためには、何のために自己について語るのかに注意を払わなければならない。自己開示のための自己開示ではなく、あくまでも、調査にとって意味のある、読者の手助けとなる、ポジショナリティの記述が必要である。

傷つきやすい観察者

このようにとらえかえすと、調査者というのは、高見に立って人々を見下ろすような絶対的権威者では決してなく、むしろ、調査地の人間関係にまきこまれ、時に翻弄されもする、そしてその姿を隠すことのできない、脆弱な存在である。カメラやレコーダーの後ろの安全な場所を離れ、その身を眼前の現実にさらすこと、傷つくかもしれないところに出て行くこと、その**被傷性**（vulnerability）にも、エスノグラファーは対面するのである。(2)

(2) Ruth Behar, *The Vulnerable Observer: Anthropology That Breaks Your Heart*. Boston: Beacon Press, 1996. 松田素二「文化／人類学――文化解体を超えて」（杉島敬志編『人類学的実践の再構築――ポストコロニアル転回以後』世界思想社、二〇〇一年）。

解釈人類学では、それぞれの少年が「片目をつぶる」という行為をどのように解釈したのかを解釈することを目的とする。ギアツによれば、「人間は自らが紡ぎ出し織りなす意味の網に支えられた動物であり……文化とはそのような織りなされた網であり、したがって文化分析は法則性を求める実験科学ではなく意味を求める解釈科学である」(小泉潤二「解釈人類学」綾部恒雄編『文化人類学 20 の理論』弘文堂、2006 年、149 頁)。つまり、行為者の解釈を人類学者が解釈する、という二重の作業を行なうことが解釈人類学の「解釈」なのだ。

「薄い」記述と「厚い」記述

この解釈人類学の視点からは、エスノグラフィーにおける「厚い」記述が重要となる。調査者はまず、フィールドで観察をしながら、行為者による意味づけや解釈を読み取る作業をする。つぎに、行為者による一次的な意味づけや解釈に対して、調査者自身がどのように二次的な意味づけや解釈を与えたかについて記述する。このとき、できあがった民族誌を読み手が理解できるように、行為だけでなく行為が行なわれた文脈についても説明する詳細な記述をしなければならない。たとえば、出来事や事件の詳細を伝えることを目的とする新聞記事と比較してみよう。新聞記事の場合、

> 「12 月 24 日午後 4 時半ごろ、千代田区神田神保町の A 公園で、近くに住む少年(8 つ)が片目をつぶった。気象庁によれば当時風速 15 メートルの強い風が吹いており、少年は「目にゴミが入った」と話した」

というように、5W1H ── Who (誰が) What (何を) When (いつ) Where (どこで) Why (なぜ) How (どのように) ── が書かれていればよいだろう。しかしこれは民族誌では**「薄い」記述**となってしまう。民族誌ではこのような情報にくわえて、次の記述にあるように、行為者がどのような文化的状況のなかでどのように意味づけをして「片目をつぶった」のかまで詳細に書くことが求められる。

> 「12 月 24 日午後 4 時半ごろ、千代田区神田神保町の A 公園で、近くに住む 8 歳の少年が片目をつぶった。当時強い風が吹いており、少年は「目にゴミが入った」と話した。しかし何度か少年に会って繰り返し話を聞いてみると、実は照れ隠しのために「目にゴミが入った」と言ったことがわかった。本当は、彼は「友だちの前でウィンクのまねをすることに自信がない」ため、「仲間にばかにされないように」人が少ない公園でこっそりウィンクの練習、すなわちリハーサルをしていたのであった。」

前者の記述と比べれば、後者の記述が「厚い」記述だといえる。このような行為者による意味づけを十分に理解するためには、繰り返し現場を訪れ、行為者の日常的生活の文脈を知ることが欠かせない。さらに、話をしてもらえるような**親密な関係**を築くことも重要なのである。

コラム　厚い記述

エスノグラフィーに関する本や論文を読んでいると、**「厚い記述」**（thick description）という用語をよく見かけるだろう。英語の thick には濃密な、深いという意味があり、ここでの「厚い」は文脈に関する記述が濃密で深いということを表わしている。この有名な用語は、1973 年に出版されたクリフォード・**ギアツ**の『文化の解釈学』（吉田禎吾ほか訳、岩波書店、1989 年）の序章で提出された語であり、文化人類学を越えてさまざまな人文・社会科学の分野で用いられてきた。

ギアツは 20 世紀を代表する人類学者であり、1970 年代から約 30 年間、アメリカのプリンストン高等研究所で研究を行なった。インドネシアを主要なフィールドとし、『二つのイスラーム社会』（1968 年）、『ヌガラ――19 世紀バリの劇場国家』（1980 年）、『ローカル・ノレッジ』（1983 年）、『文化の読み方／書き方』（1988 年）などの代表作を残している。

ギアツの解釈人類学

またギアツは**解釈人類学**を提唱し、「厚い記述」という概念はこの解釈人類学と密接に関係している。より詳しく説明すると、文化人類学では、20 世紀の半ば頃まで、文化は人間の生活に関わる全体を指すものとしてとらえられていた。たとえば、「人類学の父」と称されるエドワード・**タイラー**による有名な定義は、**文化**を「知識、信条、芸術、法律、道徳、慣習や、その他、人間が社会の成員として獲得する能力や習慣を含む総体」としていた（タイラー『原始文化』*Primitive Culture*, 1871 年）。しかしギアツは、文化を「意味と象徴のシステム」として捉えることを提案した。ギアツによれば、私たち人間は物体や行為や出来事などに特定の意味を与え、それらを秩序だてたり把握したりする。この点について、ギアツは次の四つのタイプの「片目をつぶる」という行為を例に説明している。

(1) 一人目の少年は、「まばたき」をした。
(2) 二人目の少年は、いたずらに成功した合図をしようと「ウィンク」をした。
(3) 三人目の少年は、一人目の少年のまばたきを下手なウィンクだと思い、からかうために彼のウィンクをまねした。すなわち「パロディ」。
(4) 四人目の少年は、ウィンクのまねをすることに自信がなく、家の鏡の前でウィンクの練習をした。すなわち「リハーサル」。

四人の少年は「片目をつぶる」という同じ行為を行なっているが、それぞれ異なる文脈で違うことを意味している。そしてその意味は「まばたき」「ウィンク」「パロディ」「リハーサル」に区別することができる。ギアツは、このような意味を運ぶ行為、さらに意味を運ぶ物体や出来事を**「象徴」**と呼ぶ。この象徴のなかに表現され、歴史的に継承される意味のパターンが文化なのである。

表象の政治

語る、語られる、語りなおす

未開の地、異境、異文化――伝統的なエスノグラフィーが記述の対象としたのは、あくまでまだ見ぬ土地の、異質な文化であった。しかし、それらは誰にとって「異質」なのか。そのように見るのは誰か、なぜか。そしてその「見る」まなざしは、果たしてほんとうに客観的で中立的たりえるのか。『文化を書く』が明らかにしたように、私たちが手にできるのは「**部分的真実**」[1]でしかないとき、「見る」そして「書く」という行為の政治性が問われるのである。

こうしたエスノグラフィーのパラダイム・シフトの背後には、それまで一方的な描写のなかで沈黙させられてきた者たちの声もあることを忘れてはならない。「見る」そして「書く」主体にはなれなかった、一方的に見られ、書かれるだけであった「**他者**」たちの存在である。

(1)「『文化を書く』」「自己再帰性」の項を参照。

表象の政治

たとえば「オリエント」(東洋)。香辛料とか寺院とか、ターバンの男、ベールの女、サムライ、ゲイシャ、など、そこには魅惑的でもあり脅威的でもある、エキゾティックなイメージがつきまとう。エドワード・**サイード**は、それらが表わすのは「東洋」そのものではなく、あくまでも「西洋」の想像のなかにある「東洋」であると指摘した。「**オリエンタリズム**」とは「西洋」を優位に「東洋」を劣位に置き、そのあいだの差異を拡張する構造のことである。(2) そのなかでは、文明であり普遍である「西洋」の声ばかりが響き、野蛮で異様だとされる「東洋」は沈黙させられている。

サイードの議論を皮切りに、**表象（representation）の政治**――誰が誰を、どのように描くのか、表わすのか、何のために――の問題に注目が集まるようになる。オリエンタリズムは過去の植民地時代だけの問題だろうか。いや、**他者化**という支配の構造は今なお残存している、と。

（2） したがって「オリエント」とは、地図上に線を引いて示せるようなはっきりとした実体ではない。あくまでも想像であり幻想なのである。エドワード・W・サイード『オリエンタリズム』今沢紀子訳、平凡社、一九九三年。

ポストコロニアリズム

その様態を明らかにしようとするのが、**ポストコロニアリズム**の思想である。ポストコロニアリズムの文学は、他者の声で、他者の位置から、新たな物語を紡ぎ出そうとし、ポストコロニアリズムの批評は、サイードがしたように、今ある表象がいかに歪んだものであるか、偏ったものであるかを明らかにする。いずれも、それまで「知識」「真実」とみなされていたことに疑義を呈し、支配の構造を批判する試みだと言えるだろう。傷つけられたアイデンティティを再構築しようとするのである。

ただ、こうしたアイデンティティの政治には、落とし穴も潜んでいる。支配者――たとえば「西洋」――による表象が間違いだということを強調すればするほど、被支配者たち――たとえば「東洋」――は、自身のほんとうの姿、自らの起源やアイデンティティというものを追求し主張することになる。しかしそうすることは、やはりわれわれと彼らは本質的に絶対的に異なるのである、という、支配者たちの議論を反復することになってしまう。文化本質主義の問題である。

ホミ・K・バーバはこの問題に対して、「異種混淆性」(hybridity)という概念を打ち立てる。植民地とは「支配者」と「被支配者」がきれいに分かれて存在する場ではなく、その二者が絶え間なく干渉しあい混りあう、ハイブリッドな空間である。[3] また、スチュアート・ホールやポール・ギルロイも、人種やエスニシティを固定的な集団としてではなく、移動する「ディアスポラ」としてとらえなおすなかで、文化やアイデンティティというものの流動性を強調する。[4] 被支配者が実は完全に異質な「他者」ではないということ、ひとつのかたちに定まらない、ごちゃまぜの姿をしているということ――これほどに支配者を居心地悪くさせ脅かすことはない。そこにこそ権力構造を覆す可能性がある、というのである。[5]

いっぽうガヤトリ・C・スピヴァクは、もう一度表象の政治の根幹に立ち戻り、戦略的本質主義を提唱する。誰が、何のために、「本質」や「アイデンティティ」を言うのか。もちろん、支配者が被支配者に対して一方的に差異を見いだしアイデンティ

(3) ホミ・K・バーバ『文化の場所――ポストコロニアリズムの位相』本橋哲也・外岡尚美・正木恒夫・阪元留美訳、法政大学出版局、二〇〇五年。

(4) スチュアート・ホール「誰がアイデンティティを必要とするのか?」(スチュアート・ホール、ポール・ドゥ・ゲイ編『カルチュラル・アイデンティティの諸問題』大村書店、宇波彰監訳、二〇〇一年)。ポール・ギルロイ『ブラック・アトランティック』上野俊哉・鈴木慎一郎・毛利嘉孝訳、月曜社、二〇〇六年。

(5) 戴エイカ「ディアスポラ――拡散する用法と研究概念としての可能性」(野口道彦・戴エイカ・島和博『批判的ディアスポラ論とマイノリティ』明石書店、二〇〇九年)を参照。

ティを付与することには、徹底的に抗しなければならない。しかし被支配者が抵抗するためには、まず、支配者によって与えられた位置にあえて立つ、「本質」を受け入れる、ということが不可欠である。もちろんそのときの「本質」とはあくまでも戦略的に使うもの、言い換えるならば、やはり流動的なものである。(6)

支配される者たちが一丸となる必要性を説く他方で、スピヴァクは、社会の底辺におかれた者たち――「**サバルタン**」――の内部にもまた序列と抑圧が潜んでいることを鋭く指摘する。(7)サバルタンの女性たちは、支配者（たとえばイギリス人）たちに無視されるだけでなく、被支配者（たとえばインド人上流階級）の男性たちからも軽視されている。彼女らの声はどこからも聞こえてこない、「サバルタンは語ることができない」のである。一方的に表象され、解釈され、時には闇に葬られてきた彼女らの経験を、どのようにすれば聴くことができるだろうか。スピヴァクは、知識人――エスノグラファーはその一部に他ならない――たちが、その特権的立場に自覚的になること、そうしてそれまで知識として有していたことがらを「**学び去る**」（unlearn）ことの重要性を説く。語れない者たちの**代弁**（**representation**）ではなく、そうしてしまいそうになる自らをこそ、問い直そうとする態度である。(8)

フェミニズム、ポストコロニアル・フェミニズム

表象の政治、そして他者化の問題は、何も植民地主義に限ったことではない。スピ

(6) 戦略的本質主義には批判もある。赤川学『構築主義を再構築する』（勁草書房、二〇〇六年）を参照。

(7) ガヤトリ・C・スピヴァク『サバルタンは語ることができるのか』上村忠男訳、みすず書房、一九九八年。

(8) スピヴァクの議論については、本橋哲也『ポストコロニアリズム』（岩波新書、二〇〇五年）を参照。同書はサイードについても詳述している。

ヴァクが指摘するように、男性支配の社会においては女性という「他者」が、声を奪われてきたのである。

第二波フェミニズムの起点となったベティ・**フリーダン**の『新しい女性の創造』（一九六三年）[9]は、当時アメリカ郊外で、中産階級の主婦たち、まさに「幸せな奥さん」と表象されていた女性たちが、実は倦怠感や閉塞感に苛まれている、という事実を明るみに出した。男性たちによって与えられた語彙では語り得ない、「名前のない問題」が浮上したのである。この時期のフェミニズムは、法的な権利獲得からさらに進み、こうした私的な領域にこそある抑圧を問題化し、女性の文化やアイデンティティを再構築しようとしたのである。

しかしながら、これら「名前のない問題」が、等しくすべての女性の問題であったわけでは決してない。黒人の女性たち、貧困層の女性たち、移民の女性たちはみな、家庭の外で働くことを余儀なくされていたし、さらにはキリスト教徒でない女性たち、異性愛者でない女性たちなど、同じ「女」とみなされなかった女性たちがいる。「女」の内部にもまた差異があり、序列があるという事実に直面したフェミニズムの運動は、**ブラック・フェミニズム**、**チカナ**（**ヒスパニック**）**・フェミニズム**、**第三世界フェミニズム**、**イスラム・フェミニズム**、**レズビアン・フェミニズム**……と、より深く広い発展をみせている。[10]

このような多様な担い手がいるなかで、フェミニストによるエスノグラフィーもま

（9）ベティ・フリーダン『新しい女性の創造』三浦冨美子訳、大和書房、二〇〇四年。

（10）江原由美子・金井淑子編『フェミニズム』新曜社、一九九七年。竹村和子編『〝ポスト〟フェミニズム』作品社、二〇〇三年。

（11）「フェミニスト・エスノグラフィー」の項を参照。

（12）Ruth Behar & Deborah A. Gordon eds., *Women Writing Culture*, Berkeley: University of California Press, 1996.

た複雑化してきている。(11)と同時に、女たちがエスノグラフィーという方法論の内部にひそむ男性中心主義を批判してきていることも、忘れてはならないだろう。なかでも『女が文化を書く』(一九九六年)(12)は、そのタイトルからも明らかなように、クリフォードとマーカスによる革命的な書『文化を書く』(13)に挑戦するものである。いわく、女たちは実験的に再帰的に書くということを常にしてきた。(14)ただそれが、男性中心の文化人類学の正典《カノン》として認められなかっただけではないか、と。こうして「他者化されるとはどういうことかを知っている、有色女性、移民女性、混合的アイデンティティをもつ女性たち」はこの本において、誰が誰のために文化を語ることができるのか、という問いを改めて突きつけたのである。

現在、ポストコロニアリズムを経た女性研究者・思想家たちは、次々に新たな表現を生み出している。なかでも詩や映像といった要素を縦横無尽にとりいれるトリン・T・ミンハの仕事は、「書く」という行為そのものを撹乱しているとも言えるだろう。(15)その試みは、ただ他者について語るだけでなく、むしろ自己をみつめ直し、そして自己と他者のあいだに引かれた境界線を「学び去る」、開かれた可能性を示している。

(13) ジェイムズ・クリフォード、ジョージ・マーカス編『文化を書く』春日直樹ほか訳、紀伊國屋書店、一九九六年。序論においてクリフォードは、「[フェミニズムは]書くことの非慣習的な形式も、民族誌テクストそれ自体についての進んだ考察も生み出してはいないのである」(三七頁)と明記している。

(14) その代表的な例に、Cherríe Moraga and Gloria E. Anzaldúa eds., *This Bridge Called My Back*, Persephone Press, 1981がある。

(15) トリン・T・ミンハ『月が赤く満ちる時―ジェンダー・表象・文化の政治学』小林富久子訳、みすず書房、一九九六年。同『女性・ネイティヴ・他者―ポストコロニアリズムとフェミニズム』竹村和子訳、岩波書店、二〇一一年。

ポスト構造主義とポストモダニズム

「知識」の断片性・不完全性・文脈依存性

新しいエスノグラフィーの流れは、ポスト構造主義そしてポストモダニズムと呼ばれる、より大きな思想的潮流のなかに位置づけられる。エスノグラファーたちが絶対的な「真実」を追究しなくなった、できなくなった、その背景とはいかなるものだろうか。

近代思想——実証主義への懐疑

一九世紀に産声をあげた社会学や人類学などの人間科学は、その中心に啓蒙主義と実証主義を据えていた。すなわち、科学と理性によって人間社会の真理を追究し進歩を遂げること、そして、たとえば「神」のような超越的な存在をもって何かを説明する、内観的・直感的な方法で真理にたどり着く、というのではなく、あくまでも観察によって確かめられるものによって、世界を理解することが目指されたのである(1)。

しかし一九世紀後半から二〇世紀にかけて、啓蒙主義そして実証主義には問題が投げかけられるようになる。代表的なのが、フリードリヒ・ニーチェである。彼は、そ

(1) 実証主義の創始者オーギュスト・コントは、自然界には重力などの科学的に証明できる自然の法則があるように、社会にも五感を通した観察よって発見できる社会の法則があると考え、「社会科学」を始めた。

れまでの西洋の思想のなかで当然視されてきた「理性」とか「論理」とかいうものが、決して価値中立ではないということを明らかにした。それらは、むしろ、時代ごとに、権力を支えるために、「真理」とされることがらを正当化するために用いられてきたのである。ニーチェは「真理」が「理性」によって「発見」される、というそれまでの考えを退け、存在するのはひとつの「真理」ではなく、複数の視点であると強調した(2)。さらにカール・**マルクス**は、資本主義の経済と社会を批判するなかで、「合理性」は特権階級が労働者階級を支配し搾取するために用いるイデオロギー、すなわち「虚偽意識」であると主張した(3)。そして、二〇世紀初頭にはジークムント・**フロイト**が深層心理に注目し、合理的な意識というものが「真理」につながるのではなく、実はそれは本能的欲望を隠して制御するバリアーとして働いていることを明らかにした(4)。

　これら近代の思想家たちが明らかにしたのは、それまでの科学が前提としていた「観察」「理性」「意識」がいかに頼りないものであるか、ということであった。ここにおいて実証主義は根底から覆されることになる。「理性」は「真理」や「意味」を発見するのではない、それらを構築する道具なのである。

言語論的転回

　ものごとの意味はつねにそこにあるのではなく、構築されている——この考えを発端に二〇世紀初めに生じた動きのひとつが、**言語論的転回**である。言語こそが意味を

(2)　フリードリヒ・ニーチェ『道徳の系譜』木場深定訳、岩波書店、一九六四年。

(3)　カール・マルクス『経済学批判』武田隆夫・遠藤湘吉・大内力・加藤俊彦訳、岩波書店、一九五六年。カール・マルクス、フリードリヒ・エンゲルス『ドイツ・イデオロギー』廣松渉・小林昌人訳、岩波文庫、二〇〇二年。

(4)　ジークムント・フロイト『幻想の未来／文化への不満』中山元訳、光文社古典新訳文庫、二〇〇七年。

構築しているのだから、世界そのものを見ようとするのではなく、いかに言語が世界をつくりあげているのかを見るべきである、という転換が訪れたのである。哲学者ルートヴィヒ・**ヴィトゲンシュタイン**のことばを借りれば、「私の言語の限界が私の世界の限界を意味する」[5]。

ここで重要なのが、言語学者フェルディナン・ド・**ソシュール**である。彼が明らかにしたのは、言語的記号が、その言及する世界と、きわめて恣意的な、つまり論理的な必然性のない、関係にあるということである。たとえば、日本語では「蝶」と「蛾」を区別するが、フランス語ではどちらも「パピヨン」(papillon)と呼ぶ。このように、言語によって、「蝶」と「蛾」は異なるものと認識されたり同じものと認識されたりする。それは何かの規則に基づいているわけではなく、ただ慣習によるものである。ソシュールによれば、ものごとの秩序がすでにできあがっているところに、言語による名前がつけられたのではない。現実の昆虫がどのようなものかとは関係なく、言語の内部にある**差異**の働き(「蝶」と「蛾」という言葉上の区別)が、意味(「蝶」と「蛾」は異なる昆虫である)を生むのである[6]。

構造主義

第二次世界大戦後、ソシュールの言語学理論は人間科学に新たな息を吹き込んだ。**構造主義**の出現である。実証主義が「理性」をもって普遍的な「真理」、世界そのも

(5) ルートヴィヒ・ヴィトゲンシュタイン『論理哲学論考』野矢茂樹訳、岩波文庫、二〇〇三年、一一四頁。

(6) フェルディナン・ド・ソシュール『ソシュール 一般言語学講義――コンスタンタンのノート』影浦峡・田中久美子訳、東京大学出版会、二〇〇七年。

のを描き出そうとしたのに対し、構造主義の社会科学者たちは、言語がどのように世界をつくり出すかに注目した。構造主義においては話し言葉や書き言葉だけでなく、すべての人間行為が言語と同様に意味をもち解釈できるものとして、分析の対象となった。当時構造主義を標榜していた思想家ロラン・バルトのことばでいえば、「文化は、ひとつの装置によって統治された象徴のシステム」であり、「文化とは、そのすべての側面において、言語なのである」[7]。どの言語にも文法や語彙などの規則があるように、どの文化にも規則があり、人間行為の「意味」は、その規則を理解すれば暗号を解くかのように解釈できる、と考えられるようになった。

構造主義的人類学を代表する**クロード・レヴィ＝ストロース**の研究においては、たとえば、ある文化のなかで**婚姻**がどのような意味をもつのかが明らかにされる。そこで重要なのは、一つひとつの婚姻関係がどのようなものであったか、ではなく、その文化において結婚するとは何を意味しているのか、誰と誰がどのような条件下で結婚できるのか、それを決めている慣習とは何か、すなわち、個々の婚姻関係の背後にはどのような構造があるのか、である[8]。文化のなかのできごとは、個々人を超えたところに存在する構造が表面に現われたものとして解釈される。さまざまな文化の構造を研究することによって、最終的には、どの文化にも共通する普遍的な構造が見えてくるのである。

(7) Roland Barthes, "To Write an Intransitive Verb?" Philip Rice and Patricia Waugh eds., *Modern Literary Theory: A Reader (Third Edition)*, London: Arnold, 1996, pp. 42-43.

(8) クロード・レヴィ＝ストロース『野生の思考』大橋保夫訳、みすず書房、一九七六年。同『親族の基本構造』馬淵東一・田島節夫訳、番町書房、一九七七年。

ポスト構造主義――デリダ

構造主義が人間科学を席巻する一方で、一九五〇年代から六〇年代の西洋、特にフランスにおいては、ポスト構造主義そしてポストモダニズムと呼ばれる一連の思想的動向が現われた。最初のポストコロニアリズムの思想家とも言えるフランツ・**ファノン**、フェミニズムの流れにおけるシモーヌ・ド・**ボーヴォワール**やジュリア・**クリステヴァ**、哲学者のジル・**ドゥルーズ**とフェリックス・**ガタリ**、そしておそらく最も影響力のあった人物として、ジャック・**デリダ**とミシェル・**フーコー**が挙げられるだろう。[9]

デリダによる**ポスト構造主義的批評**の一例として、一九六六年の「人文科学の言語表現における構造と記号ゲーム」[10]を取り上げよう。ここでデリダが徹底して批判しているのが、レヴィ＝ストロースによる構造主義的人類学である。レヴィ＝ストロースの議論は「自然―文化」という**二項対立**のうえに成り立っており、「自然」は普遍的な、すべての社会に共通するもの、それに対して「文化」は個別的な、それぞれに異なるもの、と想定されている。「文化」は慣習や儀式といった人々の行為のシステムを指し、ソシュールの「言語」のように、システム内部の差異によって意味が発生する記号体系として扱われていた。しかし、デリダによれば、レヴィ＝ストロースの構造主義的人類学では、文化は内的論理によってのみ成立しているはずが、外的な存在――「自然」――によって説明されてしまっている。たとえば彼の著作[11]においては、どの文化においてもどの時代においても近親相姦はタブー視されると述べられ、

(9) キャサリン・ベルジー『ポスト構造主義』(折島正司訳、岩波書店、二〇〇三年)、スチュアート・シム編『ポストモダニズムとは何か』(杉野健太郎・伊藤賢一・伝田晴美・丸山修・稲垣伸一訳、松柏社、二〇〇二年)を参照。

(10) ジャック・デリダ『エクリチュールと差異』(下)梶谷温子・野村英夫・三好郁郎・若桑毅・阪上脩訳、法政大学出版局、一九八三年。

(11) 注(8)を参照。

それこそが結婚や親族関係といった文化的慣習の起源であると考えられている。つまり、「文化」は近親相姦の禁止という「自然」に基づくもの、「文化」は「自然」である、ということになってしまうのだ。

デリダはこの他に、プラトン、ルソー、ヘーゲル、フッサールといった西洋の代表的な哲学者の作品を取り上げ、「自然―文化」と同様に「内―外」「善―悪」「発話―文書」などの二項対立も、実は厳密には成立していないということを論証した(12)。彼によれば構造主義は、「理性」「自由」「人間性」「神」と同じような超越的な存在を想定してしまっている点で、形而上学という西洋の伝統的思考から脱却していない。しかしソシュールの記号論を突きつめると、「意味」や「真理」は決して安定することはないということになる(13)。そのとき研究の対象とすべきは、確固として存在する慣習の構造がいかに人々の行為を統制するか、ではなく、意味や起源の定まらない記号の浮遊である、とデリダは言う(14)。

ポスト構造主義――フーコー

ポスト構造主義の発展において同様に重要なのは、「言説」（ディスクール）という概念を研究の対象とした、デリダの師でもあったミシェル・フーコーである。もとは構造主義を標榜していたフーコーにとって、「言説」とは現実を言語で表現したものではなく、むしろ現実を創り出す、知の言語的枠組みである。フーコーはニーチェを

（12） ジャック・デリダ『声と現象』林好雄訳、ちくま学芸文庫、二〇〇五年。同『根源の彼方に――グラマトロジーについて』（上・下）足立和浩訳、現代思潮新社、一九九六年。同『エクリチュールと差異』（上・下）若桑毅・野村英夫・阪上脩・川久保輝興・梶谷温子・野村英夫・三好郁郎・若桑毅・阪上脩訳、法政大学出版局、一九八三年。

（13） デリダは、ソシュールの記号論の中心にある「発話―文書」という二項対立も、『根源の彼方に――グラマトロジーについて』で問題視した。

（14） 戦後の文学的構造主義の第一人者ともいえるロラン・バルトも、一九六〇年代後半にはポスト構造主義に転換する。その代表的作品のひとつが、日本を対象とした『表徴の帝国』（宗左近訳、ちくま学芸文庫、一九九六年）である。

引き継ぎ、歴史のなかで異なる言説が異なる知識を生産する過程を研究し、ある言説様式によって統制されている時代のことを「**エピステーメー**」と呼んだ。たとえば「性」について考える際、何が「正常」「自然」「健康」か、何が「異常」「有害」「逸脱」か、といったことは普遍的な真理ではなく、その時代その時代の言説様式によって変わる。[15]フーコーにとって歴史とは連続したものではなく、ばらばらのエピステーメーだ。

「狂気」や「性」といった事象の緻密な分析からフーコーが明らかにするのは、近代の言説が「権力への意志」によって補強されている、ということである。[16]ここでフーコーが言う「**権力**」とは、物理的な力でもって人々を支配する王や独裁者の手中にあるものではない。近代の権力とは、人々がしたがうべき規範や人々が行なうことのなかにしみわたっているもの、すなわち、人々が自らを律するために依拠するものなのである。ニーチェをふまえ、「**知識**」とは「真理」を掘り出すための道具なのではなく、むしろ、言説を通して、人々を規範に従わせるものである、とフーコーは言う。私たちは「知識」によって自己あるいは他者が「正気」だとか「異常」だとかを判じ、そうすることで「知識」を補強しているのである。

(15) ミシェル・フーコー『性の歴史Ⅰ　知への意志』(渡辺守章訳、新潮社、一九八六年)、『性の歴史Ⅱ　快楽の活用』(田村俶訳、新潮社、一九八六年)、『性の歴史Ⅲ　自己への配慮』(田村俶訳、新潮社、一九八七年)。

(16) ミシェル・フーコー『狂気の歴史――古典主義時代における』田村俶訳、新潮社、一九七五年。注(13)を参照。

ポストモダニズム

一九六〇年代から一九七〇年代、デリダやフーコーといった思想家たちの影響をうけた人文学と社会科学においては、**ポストモダニズム**という名で呼ばれる新しいアプローチが開花した。モダニズム（近代主義）と違うのは、ポストモダニズムは**全体性**という概念を拒絶する、という点である。実証主義が信奉した絶対的普遍的な概念、たとえば「理性」「進歩」「真理」は、ニーチェらによって疑義を呈された。これを引き継ぎポストモダニズムの思想ではさらに、それらからの脱却が目指されたのである。

ポストモダニズムにおいて歴史は連続する川の流れのようなものではなく、フーコー的にいうならば、断片的なもの、いわば干ばつのあとにあちこちに残る水たまりのようなものである。あるいはヴィトゲンシュタインにならっていえば、矛盾と対立を含んだ「言語ゲーム」なのであり、そのどれも「真理」を言うことはできないのである。アメリカにおけるポストモダンの文化相対主義者たち、たとえばリチャード・**ローティ**によれば、知識とは経験と不可分のものであり、したがって、特定の文化的状況と無関係な知識など存在しないのである(17)。

一九七九年、フランスの哲学者ジャン＝フランソワ・**リオタール**は、『ポストモダンの条件』において、異なる分野におけるポストモダニズムの動きに共通するものを説明しようとした(18)。彼によれば、ポストモダニズムの根底にあるのは、「知識」への不信、すなわち、科学的進歩、普遍的な人間理性、完全なる自由といった「**大きな物語**」への懐疑である。ポストモダン時代において、そうした包括的な概念はもはや通用しない。知識とは断片的で不完全で、文脈依存的なものなのである。

(17)　リチャード・ローティ『哲学と自然の鏡』伊藤春樹・野家伸也・野家啓一・須藤訓任・柴田正良訳、産業図書、一九九三年。

(18)　ジャン＝フランソワ・リオタール『ポストモダンの条件——知・社会・言語ゲーム』小林康夫訳、水声社、一九八九年。

第二部　エスノグラフィーの「新しい」アプローチ

"Anthropologists! Anthropologists!"

「人類学者だ！　人類学者だ！」

アクティヴ・インタヴュー

質問者と回答者が協働する

応用研究
⬇143頁『チマ・チョゴリ制服の民族誌』
⬇161頁『語りかける身体』

ある主題について、それについてよく知る人たちに話を聞くことで情報を得る——この手法は、社会調査という文脈にかぎらず、ふだんテレビや雑誌でみかける「街頭インタヴュー」、そして市場調査で多用される「フォーカスグループ・インタヴュー」[1]の例もあるように、私たちの社会において確立されたひとつの方式である。質問者が問い、回答者が答え、情報が伝達される。当然の、自然のなりゆきのようにみえる。

しかしながら、**アクティヴ・インタヴュー**の方法論は、このイメージを覆す。アクティヴ・インタヴューは、問う側と答える側が互いに「アクティヴ」に、つまり能動的に積極的に関わりあい、情報を協働してつくりだす、そのダイナミックな過程をとらえようとする方法である。この認識は、批判的なアプローチをとるエスノグラフィーに共通するものであり、事実、アクティヴ・インタヴューの手法は、本書でとりあげるアプローチの多くにおいて直接的あるいは間接的に採用されている[2]。

伝統的なインタヴュー——粛々と、厳正に

(1)　質問者と回答者の一対一ではなく、複数の回答者がグループ・ディスカッションのかたちで質問に答えるインタヴュー。

(2)　アクティヴ・インタヴューの方法論をさらに推し進め、人生のある局面における経験だけでなく、生の全体性——それも調査協力者だけでなく調査者自身の——を描きだそうとするのが、**ライフストーリー**である。

インタヴューとは伝統的に、対象者から情報を得るために実施される作業である。調査者は対象を定め、**インタヴューの構造化**の度合い[3]を決定し、質問項目を準備する。実際のインタヴューでは、質問者（interviewer）が回答者（interviewee）に対して計画どおりに質問を繰り出し、信頼できる情報をより多く引き出そうとする。

ここで重要とされるのは、インタヴューの**客観性**そして**中立性**である。質問者が自分の考えを述べたり感情をあらわしたりするなどもってのほかで、回答者にバイアスを与えぬよう、誘導したりせぬよう、自制することが求められる。そうすることではじめて、混ざりもののない、純粋な情報を手に入れられるのである。そうしてインタヴューは粛々と執り行なわれ、知識は厳正に伝達される。

(3) インタヴューにおいて、質問者がどの程度会話を統制するか、言い換えれば、回答者がどの程度自由に話すことができるか、を示す度合い。もっとも統制度が高い「**構造化インタヴュー**」、もっとも自由度が高い「**非構造化インタヴュー**」、そしてその中間の「**半構造化インタヴュー**」がある。

代替的なインタヴュー――ダイナミックに、アクティヴに

ところがジェイムズ・**ホルスタイン**とジェイバー・**グブリアム**が提唱する「アクティヴ・インタヴュー」[4]は、こうした一般的なインタヴューの前提ひとつひとつに疑義を呈する。第一に、純粋で手つかずの「情報」が回答者の頭のなかに横たわっていて、手を伸ばせばそれに触れられる、という前提。第二に、回答者はただ質問に反応するだけの機械的で受動的な存在――「情報の収納庫」「回答の容器」――であるという前提。そして第三に、質問者もまた機械的に次々に問いを投げかけては情報を受けとる、透明で中立な存在であるという前提。ほんとうにそのようにただ淡々と、情報を

(4) ジェイムズ・ホルスタイン、ジェイバー・グブリアム『アクティヴ・インタビュー――相互行為としての社会調査』山田富秋・兼子一・倉石一郎・矢原隆行訳、せりか書房、二〇〇四年。

受け渡すことは可能なのだろうか。

そもそも私たちは、自分が経験したことや自分自身のことを誰かに尋ねられたとき、いつもきまって同じように、客観的に、述べることができるだろうか。質問によって、相手によって、状況によって、雰囲気によって、言うことが変わる、つまり、「事実」が異なるかたちで現われたり、「情報」の中身が変化したりすることはないだろうか。それはすなわち、「インタヴュー」という場もまた人と人のまじわりあう相互行為のひとつであるということ、したがってその過程には質問者と回答者がともに能動的に主体的に関わっている、ということだ。そのとき、インタヴューとはただ情報がとりだされ受け渡される場ではなく、「人と人とのあいだで起こる、その筋書き自体がどんどん展開していく演劇」(5)なのである。

アクティヴ・インタヴューが着目するのは、まさにこのダイナミックなやりとりの過程である。回答者は単なる「インフォーマント」(情報提供者)ではなく、自身の経験の意味を、その場の文脈に応じて探りながら能動的に組み立てていく。質問者の期待どおりの答えをすることもあれば、時には文脈からはずれるような、あるいは矛盾するような語りを披露するかもしれない。そして質問者もまた、言われたことをただ額面どおりに受けとるのではなく、やはり能動的に、「情報」の構築にかかわっていく。インタヴューの場面設定をしたり雰囲気をつくったりするというだけでなく、会話するなかで、ひとつの回答のあとに別の視点で回答しなおすことを促し、より複

(5) ホルスタイン、グブリアム前掲書、四八頁。

雑な語りを引き出そうと試みることもある。

たとえば、ひとりの女性に母親を介護した経験についてインタヴューしていた際に、回答者から「私たちは板ばさみの世代だと言われている」ということばが発される。その一般化された回答に対して質問者は、「ご自身ではどう思われますか?」「女性としては?」「娘の立場からは?」とアクティヴに問いかける。それに応じて回答者の側も視点を変え、夫や息子の話をしたり自身の少女時代を振り返ったりする。さらには矢継ぎ早に繰り出される質問に対し、「よくわかりませんね」「なんて答えればいいんでしょう」「他の女性たちはなんて言ってましたか?」と、はぐらかしたり、問い返したり、ただ淡々と答えるだけではない能動性を発揮するのである。


もしここでインタヴューをアクティヴなものと見なせば、インタビュアーはインタビューの最中に、回答者にいくつもの立場を移動するよう促すことができるようになる。そしてそれによって、回答者はそれぞれ別々の多様な視点や、多様な情報のストックを探求することができるようになる。ここでの目標は、最も良い本質的な唯一の回答を探すことではなく、むしろ複数の適切な情報の獲得方法を、つまり回答として可能性のあるものを体系的に活性化してやることである(6)。

こうした働きかけは従来忌避されてきた「バイアス」ではない。むしろ、インタヴ

(6) ホルスタイン、グブリアム前掲書、九九頁。

ューという相互行為において避けることのできない、必然的な過程としてとらえなおされ、それじたいもまた分析の対象となる。そこで語られた経験や自己というものは、あくまでもその特定の状況のなかで、質問者と回答者の協働の結果として、つくりだされたものなのである。複数の語りのうち、どれがより真実に近いか、ということではなく、そのひとつひとつがなぜ、どのように、どういった文脈のなかで言われたのかをあわせて分析していく。ここに、アクティヴ・インタヴューの主軸となる**「解釈の実践」**がある。そうして得られる**多元的な語り**こそが、新たなメッセージを導きうる、と期待されるのである。(7)

残された課題――アクティヴ・インタヴューの破綻？

このようにアクティヴ・インタヴューは、伝統的なインタヴュー法においては見えなくなっていた力学を明るみに出す革新的な方法論である。しかしいっぽうで、特にフェミニスト・エスノグラフィーやネイティヴ・エスノグラフィーが提起してきたもうひとつの問題、すなわち、調査する者と調査される者のあいだの権力関係(8)には今ひとつ注意が払われないことも事実である。ほんとうに、質問者と回答者は同じだけ、対等に、関わりあうことができるのだろうか。質問者が意図せずとも、インタヴューがあたかも尋問のように一方的になってしまうこと、どちらかがどちらかの言うことを遮ったり、無視したりすることはないだろうか。一方にとっては大切なことなのに、

(7) 山田富秋『フィールドワークのアポリア――エスノメソドロジーとライフストーリー』せりか書房、二〇一一年、二〇六頁。

(8) 「フェミニスト・エスノグラフィー」「ネイティヴ・エスノグラフィー」の項を参照。

意味が通じなかったり、言いだせなかったりして、他方に伝わらないことはないだろうか。

そうしたことが配慮されないとき、アクティヴ・インタヴューはとりもなおさず、質問者と回答者のあいだに葛藤や軋轢など起きない、調和的な過程であるように思えてしまう。実際のインタヴュー状況では、力の均衡がとれずに「協働」が破綻する、あるいは「情報」や「事実」が構築されずに終わるといったケースも少なくないにもかかわらず。[9] 特に、回答者が質問者よりも社会的に低い、弱い立場──「マイノリティ」の位置──におかれていることもあるとき、両者が同じように、同じだけ能動的に、情報の構築にかかわることができる、と安易に想定することは慎まなければならないだろう。「アクティヴ」な質問者が、回答者を黙らせてしまったり、さらにはそのことに無自覚であったりしたのでは、元も子もない。

インタヴューの場面にもひそむ社会的な不平等の問題は、インタヴューの内部で、質問者や回答者の個人的な努力だけで解決できる問題ではない。[10] だからこそ、インタヴューにおいて語られたこと、すなわち協働の成果だけではなく、協働の破綻にもまた、多くのことが現われているはずだ。何が語られなかったのか、何を語り得なかったのか。「解釈の実践」はそこにも、そこにこそ、向かわねばならないだろう。

(9) 六五頁を参照。

(10) 桜井厚『インタビューの社会学──ライフストーリーの聞き方』せりか書房、二〇〇二年、一〇二頁。

フェミニスト・エスノグラフィー

「女」が「女」を調査する

応用研究
➡132頁『日本女性はどこにいるのか』
➡139頁『心に性別はあるのか』

フェミニスト・エスノグラフィーが目指すところはただひとつ、男たちによって歪められたり否まれたりしてきた女たちの経験に、女たち自身が光を当てよう、というものである。その試みは、社会の周縁におかれ声を奪われてきた者たちからの異議申し立てであるという点で、**ネイティヴ・エスノグラフィー**や**当事者研究**と通じるものであり、また、かき消され、断片化されてしまった語りを再構築しようとする**ライフストーリー**の方法論とも重なりあう。(1)

女が女を調査するという、この単純とも映る方法論は、しかしいっぽうで、「女とは誰のことか」という根源的な問いにも直面してきた。フェミニスト・エスノグラフィーは、批判的アプローチの根幹をなす**ポジショナリティ**(2)の問題に、もっとも痛切にかかわってきたともいえるだろう。

(1)「ネイティヴ・エスノグラフィー」「当事者研究」「ライフストーリー」の項を参照。

(2)「ポジショナリティ」の項を参照。

女による、女のための――フェミニスト・リサーチの発展

一九八〇年代、学術界への進出を果たし地位を確立しはじめた女性研究者たちは、

「女性学」の名のもとに、女による、女のための方法論を打ち立てようとした。「フェミニスト・リサーチ」とも呼ばれるこのアプローチが異議を唱えるのは、客観的、機械的、科学的な男性的価値を反映した従来の調査法である。たとえばインタヴューにおいては、調査者は用意しておいた質問をそのとおりに読み上げなければならず、被調査者とのあいだには一定の距離をおき、終始、冷静な態度を保つべきだとされる。しかし、女性と女性が知り合おう、わかりあおうとするとき、そんなことは妥当だろうか。そもそも、可能だろうか。アン・オークレーは、この、「女性をインタヴューするという語義矛盾」に警鐘を鳴らした(3)。

フェミニストたちはここに、女性的な価値、すなわち対等で双方的なコミュニケーション、相互信頼、連帯、協力、共感をもちこむ。「情熱的な学識」「意識的な主観性」、そして「経験的な分析」(4)などの語で形容されるフェミニストの方法においては、調査する女性は調査される女性から距離をとることなどせず、むしろ積極的に関わり、感情移入もする。主観や感情は女性たちの経験を浮かび上がらせるために必要不可欠とみなされ、そうした安全な場においてはじめて女性たちは、自らを語りだし、思いを共有し、そうして励ましあいつながりあうことができるのだ、と。

このようにフェミニスト・リサーチは、男性中心の学術界にとっては「未踏の地」であった場所、たとえば台所や分娩台にも初めて光を当て、女性でなければ聞くことのできないことがらを主題化する。その成果は第一に、それまで軽視され無視されて

(3) Ann Oakley, "Interviewing Women: A Contradiction in Terms," Helen Roberts ed., *Doing Feminist Research*, London: Routledge, 1981.

(4) Gloria Bowles and Renate Duelli Klein eds., *Theories of Women's Studies*, London: Routledge, 1983.

きた女性たちの経験の存在を明らかにし、第二に、社会科学の方法に刷新を迫る。女性たちにとって「リサーチ」とは、無味乾燥な情報収集過程ではなく、女性間の絆であるシスターフッドが確立され、女性たちのエンパワーメントが図られる場となるのである。そこには、従来のように優位に立ち権威をふりかざす、冷徹な調査者の姿はない。

「女」とは？――（不可能な）フェミニスト・エスノグラフィー

しかしそのあとすぐ、女による、女のための方法論は、ポスト構造主義そしてポストコロニアリズムの衝撃に直面することとなる。まず、「ジェンダー」とは、ふたつの項（「男」と「女」）ではなく、そのあいだに引かれる、そしてつねに引き直される、境界線であると定義しなおされる。そのとき、「男性的価値」「女性的価値」というものを固定的に想定することには問題がある。なぜなら、女であれば必ずわかりあえる、共感と連帯に満ちたインタヴューを行なえる、というのは実は、女はみな心やさしいとか家事に向いているとかいうのと、変わらないからだ。ジェンダーの構造をつき崩そうとしていたはずのフェミニストたちが、逆説的に、「男性的」「女性的」というステレオタイプを再生産してしまいかねないのである。

「女」にもいろいろいる――この当然の、しかし忘れられることの多い認識は、次に、調査する女と調査される女のあいだにもまた、国籍や人種、エスニシティ、言語、階級、世代、セクシュアリティをはじめとするさまざまな**差異**が横たわっていることを気づかせる。同じ女性が相手であっても、白人や英語話者には気後れしてしまう、貧しい自分、年老いた自分、あるいは未熟で世間知らずな自分を恥じてしまう、そして異性愛者にはどうせわからないと感じてしまう――これらの感情的反応を、女性どうしであれば超越できるなどと想定することは、乱暴ですらあるだろう。差異があり、そしてそこには多くの場合断絶があり序列があるとき、平等で親密なやりとりはむしろ困難だ。

調査する女性と調査される女性のあいだには、もうひとつ、調査者である女性が有する**特権**の問題もある。どれだけ共感しあい関係を深めたとしても、そのあと、フィールドを自由に離れてデータを加工し利用し、そして調査から利益を得られるのは調査者だけである。大学とか学術界とかいう後ろ盾をもっているのも、それにともなう社会的地位や物理的恩恵を享受できるのも、往々にして、調査する女性だけである。ともすれば**搾取**、そして**裏切り**も生じうるその危うい関係を、たやすく「シスターフッド」などと呼ぶことができるだろうか。(5)調査をし、その内容を本や論文に書く研究者の女性たちは、「自分で紡ぎだした裏切りの罠に自分自身がからめとられているということ、そして、親密になりたい、友だちになりたいと願う調査対象のその背中のうえで、自分の本は書かれているということ」(6)に新たに気づかされるのである。

こうして、フェミニスト・エスノグラフィーはポジショナリティの問題を軸に、大

(5) Judith Stacey, "Can There be Feminist Ethnography?" Sandra Berger Gluck and Daphne Patai eds., *Women's Words: The Feminist Practice of Oral History*, New York: Routledge, 1991. 春日キスヨ「フェミニスト・エスノグラフの方法」(上野千鶴子ほか編『ジェンダーの社会学』岩波書店、一九九五年、一六九―一七四頁)、桜井厚『インタビューの社会学――ライフストーリーの聞き方』(せりか書房、二〇〇二年、六八―七五頁)も参照。

(6) Ruth Behar, *Translated Woman: Crossing the Border with Esperanza's Story*, Boston: Beacon, 1993, p. 297.

きな転換を迫られる。

調査者としての自己が文化的、社会的、そして歴史的に特定の位置づけを与えられた主体であること、しかもその位置づけは単に女性であったり、社会の多数者を代表する民族の出身であったり、ある種の特権を付与された調査者であったり、というこいずれかの立場に収斂するものではなく、多元的に構成されていることを認識するとき、被調査者とのあいだに横たわる差異もまた多重で錯綜したものとなる。(7)

どんな女が、どんな女を、どのように、どこから見るのか、書くのか。そして、何のために。ここで重要なのは、「女」がひとつの固体として、いつも同じように、なめらかに強固に存在するものではないということ、言い換えれば、本質的なものではないということである。女性間に存在する差異そして序列を見据え、調査される女性だけでなく調査する女性もまたそのときどのような女であったのか、どこで誰と誰とがどのように関わったのかを**自己再帰的**に明らかにしなければならない。当然そこには、フィールドで経験した自身の**失敗**——拒絶されたこと、沈黙されたこと、あるいは搾取してしまったこと——も含まれるだろう。このように調査者という立場に注意深くあるとき、フェミニスト・エスノグラフィーは、「女」というつかみどころのない対象を追いかける、ジレンマに満ちた、ともすれば不可能な試みとなる。(8)

(7)　中谷文美「「女性」から「ジェンダー」へ、そして「ポジショナリティ」へ——フェミニスト人類学の系譜」(青木保ほか編『個からする社会展望』岩波書店、一九九七年)二四六—二四七頁。

(8)　Diane L. Wolf ed., *Feminist Dilemmas in Fieldwork*, Colorado: Westview Press, 1996. Kamala Visweswaran, *Fictions of Feminist Ethnography*. Minneapolis: University of Minnesota Press, 1994. 北村文『日本女性はどこにいるのか——イメージとアイデンティティの政治』勁草書房、二〇〇九年、第二章。

残された課題——ポジショナリティから先へ

問題は、調査する女性ばかりが前景にいて、調査されていたはずの女性たちが見えなくなってしまうときに生じる。調査者が巧みにフィールドに入りこみ、良好な人間関係を結んだ様子が誇らしげに語られるときだけでなく、失敗の経験もまたそればかりが回顧されるとき、聞こえてくるはずだった、掘り起こされるはずだった女性たちの声は再びかき消されてしまう。それでは、差別や暴力といったジェンダーに関わる社会問題の解決に、女性たちの解放に、フェミニスト・エスノグラフィーが寄与できない、ということにもなりかねない。

フェミニスト・エスノグラフィーは、調査地にいる女性たちだけでなく、彼女らに向きあい関わりあう調査者である女性たちの姿をも浮き彫りにするものであった。それは、眼前の女性たちを調査の「対象／客体」とみなし、特殊な、エキゾティックな、あるいはかわいそうな存在にしたてあげてしまう自らのまなざしを自省すると同時に、自己と他者のあいだの境界線を揺るがす試みでもある。(9) 差異を超えて、でも差異に引き裂かれながら、自己をみつめながら、しかし自己耽溺することなく、女たちが連帯し共闘するためのエスノグラフィー——たとえ不可能だとしても、その不可能性そのものを書きだす試み——が期待される。

(9) 中谷文美「〈文化〉?〈女〉?——民族誌をめぐる本質主義と構築主義」(上野千鶴子編『構築主義とは何か』勁草書房、二〇〇一年)。川橋範子・黒木雅子『混在するめぐみ——ポストコロニアル時代の宗教とフェミニズム』人文書院、二〇〇四年、第二章。

ネイティヴ・エスノグラフィー

「内部者」の視点から調査する

応用研究
➡130頁『多文化主義とディアスポラ』
➡143頁『チマ・チョゴリ制服の民族誌』

文化人類学者による調査研究はもともと、遠く離れた異国の地に赴いて、異なる言語や習慣を持つ人々のことを知ろうとするものだった。その際、調査の対象となる文化のなかで生まれ育った人々（**ネイティヴ**）と、その外側からそれを観察し、知ろうとする文化人類学者（**非ネイティヴ**）との間には乗り越えがたい立場の違いがあった。すなわち、「調査する者＝非ネイティヴ」と「調査される者＝ネイティヴ」という二項対立のうえに位置づけられていたのである。一九七〇年代以後、こうした研究のあり方に変化をもたらしたのが**ネイティヴ・エスノグラフィー**である。

ネイティヴ・エスノグラフィーとは、エスノグラフィーの手法を調査者自身が所属する集団に対して適用していく試みである。当該の文化のなかで生まれ育ったネイティヴ自身が筆をとり、集団の内部者としての立場をふまえて、内側からその文化について分析や考察を行なうのである。

語られるネイティヴ

文化人類学の伝統においては、外部からやってくる非ネイティヴの調査者と、ネイティヴの調査対象者のあいだには、非対称な関係が横たわっていた。植民地支配という文脈において、支配する側の宗主国出身の調査者が、統治され支配される地域の文化を研究することもままあった。

そうしたなかでは、調査を行なう者は上位の立場にあった。高等教育機関で教育を受け、フィールドに赴いて調査を行なうための財力などの資源があり、インフォーマントとの関係においても権力を有し、いずれ帰国して成果を出版することのできる発言力と社会的地位を持っていたのである。いっぽう、調査の対象となった人々は、そのいずれも持たず、もっぱら権力のペンによって描かれるばかりであった――特有の知を持つ素朴な人々として、時に、美化されたかたちで。彼ら彼女らが調査者の言語を読み書きできたり、十分な教育を受けていたりすることは稀で、自分たちについて書かれたエスノグラフィーを読むことなど、できなかったのである。

語りだすネイティヴ

だが、植民地主義の崩壊とともにこうした構図は少しずつ解体していく。第一には、調査の対象となっていた地域の人々のなかから、高等教育を受けて研究に携わる者が出現する。一九七〇年代以後、「ネイティヴ人類学」の名のもとに、植民地化されていた土地の出身者や先住民の出自をもつ者たちが、自身の文化について、発言するようになる。それは、抑圧されていた人々の権利獲得運動と結びつくものでもあり、権力によって歪められた文化像に抗議するとともに自己表象しようとする、ポストコロニアルな政治の企てでもあった(1)。このようにしてエスノグラフィーの脱植民地化の流れが生まれたのである。

と同時に、いわゆる先進国の研究者が、自身の出身地域や文化に目を向けて研究を行なう、ということも一般的となってきた。たとえばデルモス・ジョーンズは、アメリカ南部出身の黒人の文化人類学者として、コロラド州の黒人コミュニティの研究を行なったが、言語や人種の共通性からラポール（調査者と調査協力者との間の信頼関係）を形成することが容易であったことを指摘しつつ、内部者であるがゆえにアクセスが困難な情報もあったことなど、ネイティヴ・エスノグラフィーの実践をめぐる実際的なノウハウを概観している(2)。

このように、自ら語りだしたネイティヴと、自身の出自にまなざしを向け始めた研究者の登場によって、調査する者とされる者、ネイティヴと非ネイティヴという区分は少しずつ揺らいでいったのである(3)。

「ネイティヴ」とは誰か、という問いをめぐって

二項対立が揺らぐにつれ、「ネイティヴ」とはいったい誰を指すのか、という問題が浮上する。その境界線は、本当に明らかなものだろうか。誰がそれを決めるのだろ

(1) 太田好信『民族的近代への介入――文化を語る権利は誰にあるのか』人文書院、二〇〇一年。桑山敬己『ネイティヴの人類学と民俗学――知の世界システムと日本』弘文堂、二〇〇八年。また、日本を出自とする研究者による日本研究を「ネイティヴ人類学」として論じたものに、『文化人類学』七一（二）「特集　日本のネイティヴ人類学」二〇〇六年がある。

(2) Delmos J. Jones. "Towards a Native Anthropology." *Human Organization* 29, 1970.

(3) しかし、人類学において欧米が「中心」であり、その他が「周辺」であるという、「知の世界システム」（桑山前掲書）は依然として根強い。清水昭俊「日本の人類学――国際的位置と可能性」（杉島敬志編『人類学的実践の再構築――ポストコロニアル転回以降』世界思想社、二〇〇一年）も参照。

うか。

特定の文化のなかに生まれ育った者のなかにも、男性もいれば女性もおり、地位や名誉のある者もいれば貧しい者や蔑まれるような立場の者もいる。出身地域も職業も年齢もさまざまである。また、地理的な空間と文化の関係も固定的なものではなく、移住者もいれば、その土地で生まれ育っているにもかかわらず異民族や外部者と見なされている人々など、さまざまな理由から完全な帰属を否定される者がいる。このように、文化の内側にいる者にもさまざまに異なる立場や視点があるため、そうした多様な人々を「ネイティヴ」という呼称のもとにひとくくりにすることは妥当ではない。同時に、「ネイティヴの知」とされるものも、それまで想定されていたような均質なものではないことが、指摘されるようになったのである。

このように、一九八〇年代から九〇年代にかけて、「ネイティヴ」という概念は再考を迫られるようになった。唯一無二の「ネイティヴというあり方」は解体され、絶対的で真正な「ネイティヴという個人」は想定できなくなり、かわりに、複数の集団に帰属する人々の重層的なアイデンティティを細かく見ていくことによって、ネイティヴの多様性を捉えることが重視されるようになったのである。

それと同時に、特定の個人がネイティヴか非ネイティヴかということを判断するのは誰なのか、またその基準はどこにあるのか、という問いも重要性を増している。調査者が自身をネイティヴと位置づけている場合でも、調査の対象となっている人々がその調査者を仲間や身内などとは見なさない場合もあるし、その逆の場合ももちろんある。[4] 特定の集団に所属しているかどうかが判断される基準もまた調査者や調査協力者の価値観に基づいているため、国籍やエスニシティによって「外部者」と判断される場合もあれば、たとえ国籍やエスニシティが異なっていても性別や宗教、特定の障害や病いの有無などを共有している場合には「内部者」と見なされる場合もある。このようにネイティヴであるという承認は、調査する者とされる者との間のやりとりのなかで、期待や裏切り、理解や摩擦のなかでダイナミックに生成されてくるものであること、そしてそこにもまた権力が働いていることが明らかになってきた。

残された課題――「ネイティヴ」を特権化しないために

ネイティヴと非ネイティヴという二項対立が覆され、ネイティヴのなかにもまたさまざまな差異がある以上、ネイティヴ・エスノグラフィーもまた、単に「日本人だから外国人より日本のことがよくわかっている」とか、「女性だから女性のことを内部者として語ることができる」などと安直に考えられるものではなくなる。もちろん、フィールドに何らかの形でなじみがあるということは、調査協力者とラポールを形成するときや外部者にはアクセスしにくい情報を手に入れるときに、メリットとなることがある。しかしそれを自明視してしまうのではなく、そうした自身のフィールドでのポジショナリティ[5]じたいを記述していかなければならない。調査協力者は調査者の

（4）たとえば、日系アメリカ人三世で日本をフィールドに研究を行なったドリーン・コンドウは、英語を母語とし、考え方も概ねアメリカ人であるというアイデンティティを持ちながらも、その外見からフィールドにおいて「われわれ日本人の一人」として扱われたことに対する戸惑いを描いている。Dorinne K. Kondo, *Crafting Selves: Power, Gender, and Discourses of Identity in a Japanese Workplace*, Chicago: University of Chicago Press, 1990.

（5）「ポジショナリティ」の項を参照。

ネイティヴ性をどのように見なしていたのか、そこに摩擦はなかったか。内部者であるがゆえに踏みこみにくい点や語ってもらえない点はなかったか。フィールドになじみがあるということを無批判に特権的なこととして扱ってはいないだろうか。

育ち、エスニシティ、性的指向、障害、宗教などの属性はエスノグラフィーのナラティヴ（語り）に有用なものではあるが、「それらは固定化されたものではなく、フィールドワークを行ない、執筆していく過程で生まれて変化していくものだということをふまえて、その有用性を論じ、証明していかねばならないのである」と、幼少期の十年間を過ごした日本でフィールドワークを行なったアメリカ人の文化人類学者、ジェニファー・**ロバートソン**は記している。(6)

調査を行なった文化に所属しているというだけでエスノグラフィーの正当性が担保されるわけではない。ネイティヴという立場は、いわば研究のプロセスのなかに織りこまれた一面でしかなく、エスノグラフィーの質の高さはその調査と執筆の完成度によるのだということを忘れてはならないのである。

（6） Jennifer Robertson, "Reflexivity Redux: A Pithy Polemic on 'Positionality,'" *Anthropological Quarterly*, 75 (4), Autumn, 2002, pp. 785-792.

当事者研究

「自分自身でともに」見いだす

応用研究
↓169頁『発達障害当事者研究』

「研究」とは通常、ある学問体系のなかで共有された方法論にもとづき、新たな知を生みだすことだ。その目的は、第一義的には知の生産自体である。

だが、**当事者研究**は学問ではなく、**セルフヘルプ**の試みとして始まった。セルフヘルプ・グループでは、共通の悩みを抱えた人が、経験を共有しながら自助をめざす。性暴力・虐待被害、障害[1]、病気、依存症などさまざまなテーマに即して結成され、平等で共感的な雰囲気を重視する。そのため意見の押しつけはしない、話された秘密は守るなどのルールが設定されることが多い。

当事者研究の発祥地、**浦河べてるの家**は精神などの病気を経験した人たちが生活し、地域で共に働く共同体である。元もとべてるでは、「三度のメシよりミーティング」として、セルフヘルプが重視されており、当事者研究はその延長線上に生みだされた。

仲間とともに「自分の助け方」を探す当事者研究

べてるの家のソーシャルワーカー**向谷地《むかいやち》生良《いくよし》**は、統合失調症を抱えた河崎寛の支援

(1)「障害」をどう表記するかには議論がある。ここでは「障害」は社会によってつくられるという社会モデル(一六六頁を参照)の観点から、「障害」の表記をそのまま採用した。

方法として当事者研究を提案した。二人の間ではじまった当事者研究は、やがて同じ病気や問題を抱える仲間と語り合い、専門家の支援を受けながら「自分自身でともに」、「自分の助け方」を見いだすというスタイルを確立する。

浦河で「当事者研究」という活動がはじまったのは、二〇〇一年二月のことである。きっかけは、統合失調症を抱えながら〝爆発〟を繰り返す河崎寛くんとの出会いだった。入院していながら親に寿司の差し入れや新しいゲームソフトの購入を要求し、断られたことへの腹いせで病院の公衆電話を壊して落ち込む彼に、「一緒に〝河崎寛〟とのつきあい方と〝爆発〟の研究をしないか」と持ちかけた。「やりたいです！」と言った彼の目の輝きが今も忘れられない。

「研究」という言葉のなにが彼の絶望的な思いを奮い立たせ、今日までの一連の研究活動を成り立たせてきたのだろう。その問いを別のメンバーにすると、「自分を見つめるとか、反省するとか言うよりも、『研究』と言うとなにかワクワクする感じがする。冒険心がくすぐられる」と答えてくれた。(2)

この述懐からは、「研究」という問題への向きあい方や、そのすこし自分自身から距離をおくスタンスが「自分の苦労の主人公になる」という、前むきな取りくみをひきだしたことが分かる。

(2) 浦河べてるの家『べてるの家の「当事者研究」』医学書院、二〇〇五年、三頁。

向谷地は、自分自身の問題への対処を見いだすために行なわれる当事者研究は、誰でもできるものであり、決まった手順はないとする。テーマ設定、方法も基本的に自由であり、また自由でなければならない。従来の学問研究が、専門性を高め、長期の訓練や知識を求めることと対照的である。その敷居の低さ、セルフヘルプのツールとしての有効性から、当事者研究は大きな広がりを見せた。

「当事者」概念の出自と発展

当事者研究はべてるの家で始まったが、「**当事者**」という言葉の歴史はもう少し古い。一九八〇—九〇年代以降、障害者の自立生活運動のなかで、日常生活において食事、排泄、他人とのコミュニケーション、外出などに介助を必要とする場合、障害を抱えた本人の意思は、家族や医師、身近な支援者によっても抑圧されているという問題提起がされた。脳性まひをかかえて自立生活を送る、ピア・カウンセラー(3)の**村山美和**は、これを「ご飯を一口残そうとか全部食べようとか、そういう些細なことにさえ、自分の意思が通らない場面が頻繁に起こるということ」(4)と表現している。加えて、親による障害をかかえた子との無理心中などの事件が起きたことから、「当事者」という言葉は、最も身近な人々である家族や支援者、治療をする専門家にも決して代弁できない本人の意思があるということを表わすために、使われるようになった。

そして、社会学者・**上野千鶴子**は「ひとは自己定義によって当事者になれる」とし

(3)「ピア」(peer)とは仲間・対等の者を意味する語。**ピア・カウンセリング**は一定の条件、背景を共有する者同士が、話を聞きあい、対等な関係で、自立や自己決定をサポートしあうことを目指す。日本では一九八〇年代から障害者の自立生活運動にとりいれられ、ピア・カウンセラー認定制度がつくられた。

(4) 村山美和『あんドーナツ』七七舎、一九九五年、八一—九頁。

て、「なる」当事者という新しい概念をつくりあげた。[5] 女性だから、障害者だからといって、誰でもが女であることや障害の当事者であるわけではない。女であることで直面する問題と取り組み、それが自分の問題であると定義することで、人は当事者に「なって」いく。この意味での当事者概念は、近年社会科学の分析にも使われるようになってきている。

しかし、自己定義によって当事者になれるなら、極端な言い方をすれば、障害をもっていなくても、障害という問題の当事者になれるのだろうか。しかし、そうして例えば、支援者や家族が自分も障害という問題にかかわっているから障害の当事者だと言いだしたら、当事者という言葉が最初に言い表わそうとした、最も身近な人にも代弁されない当人の意思が再び曖昧になってしまうのではないか。この当事者の範囲をめぐる議論は、当事者の範囲の限定と拡散の間でゆれながら現在進行形で続いている。

自立生活運動から生まれ、上野らによって新しい意味を付け加えられた当事者という言葉には、まだ定着した英訳がない。当事者概念と、当事者研究は日本の独自の歴史と背景から生まれた、和製のアプローチである。これは、本書で紹介されている他の方法と比較して読むときに注意しておかなければならない。

(5) 中西正司・上野千鶴子『当事者主権』岩波新書、二〇〇三年、二、一六、一九六頁。

当事者研究のインパクト

二〇〇〇年代を通じて当事者研究はセルフヘルプ・グループを中心に広がりをみせ、[6]

(6) ダルク女性ハウス『Don't you?——私もだよ からだのことを話してみました』ダルク女性ハウス、二〇〇九年。

また「当事者研究」の題を冠した本が出版された[7]。当事者研究が異議申し立てをしてきた相手である専門家や学者のなかでも、当事者研究のインパクトを無視できないという動きが生まれている。現在、アカデミズムの研究者でありつつ、自分の問題を考える「当事者研究」をアカデミズムの内部でしていると主張する人々も現われた。**宮内洋**などは、これを「当事者自身が研究者」[8]であるのだとしている。

女性学創設者の一人である上野千鶴子は男性の学者や専門家が女性について一方的に論じてきた歴史をふまえ、**女性学**とは「当事者自身がみずからの経験を言語化し、理論化して、社会変革のための『武器』にきたえあげていく」、一種の当事者研究だったと定義した。「当事者が、自分のことを一番よく知っている」という上野の主張は、確かに当事者研究と重なる部分がある。現時点で当事者研究で学位をとれる大学はないが、アカデミズムのなかに当事者研究をいれようという動きは、『リハビリの夜』の著者・**熊谷晋一郎**などをはじめ、当事者研究の側にもすでに現われている。

残された課題

当事者研究は、そもそも専門家／学者たちが提供する言葉では語れないことを、自分たちで語ろうという、学問に対する対抗的な性質を持つものだった。その「当事者研究」という看板を学者が掲げるのは、当事者の範囲の限定と拡散をめぐる問題を考えれば、やっと専門家や学者と区別された声を、もう一度かき消してしまうことにな

(7) 綾屋さつき『発達障害当事者研究――ゆっくりていねいにつながりたい』医学書院、二〇〇八年。

(8) 宮内洋「〈当事者研究〉の新たなモデルの構築にむけて――「環状島モデル」をもとに」（宮内洋・好井裕明編『〈当事者〉をめぐる社会学』北大路書房、二〇〇一年）一九八頁。

りかねない。元もと当事者「である」人、例えば障害者が学問として当事者研究をする場合でも、それは同様だ。学問化するということは、自分の獲得した知を権威化し、ひとくくりにできない経験を持つ他の当事者を代弁するということでもあるのだから。

ある方法論、ある言葉を用いるときには、その言葉でなければならず、他の言葉ではいけない必然性が必要である。アカデミズムの手法にのっとった当事者研究が、本書で紹介されている「ネイティヴ・エスノグラフィー」や「オートエスノグラフィー」ではなく、「当事者」という語の範囲をひろげ、当初の当事者研究の批判力を薄める危険性をおかしても「当事者研究」と称す必然性とは何だろう。

当事者研究は今後制度化、体系化の時代をむかえる。しかし、その制度化が学問化をめざすことになるのかどうかについては、議論の余地がある。学問化し、学知としての精緻化をめざすということは、学問の世界の基準に当事者研究を合わせていかなければならないということなのだから。

当事者研究として大学の外で始まった女性学は、発展の過程で、大学の学問の基準に合わせ、どんな人でも読んで書ける、日常語の論文という初めの目標を変化させざるを得なかった。当事者研究が「当事者研究にマニュアルはない」(9)という、誰にでもでき、どんな問題にも対応できる柔軟さ、平易さを重視するのだとしたら、今後学問知との距離をどのようにとるのかは、大きな課題となるはずだ。

(9) べてるしあわせ研究所・向谷地生良『レッツ! 当事者研究2』NPO法人コンボ、二〇一一年、二五頁。

アクション・リサーチ

協働を通して現場を変革する

フィールドに入った研究者は、往々にして次のような質問を人々から投げかけられる。「あなたは何のために調査をしているのですか？　あなたの研究は私たちにとってどのような意味があるのですか？」このように問われたとき、「学術論文を書くためです」「実態を解明して理論を発展させるためです」といった回答は、現場に生活する人たちにとってどれだけ説得力をもつだろうか。

現場の人々と関わり、**ラポール**を築くエスノグラファーたちは、「調査はどのように現場の役にたつのか」という問題の検討を積み重ねてきた。そして現在では、調査を通して現場の問題を解決するべく、研究者が行動（アクション）を起こす方法が、「**アクション・リサーチ**」という名称のもとで多様な発展をみせている。アクション・リサーチを実践する研究者は、現場でものごとを見たり聞いたりするだけではなく、現場の人々と知識を交換・共有し、能動的に行動する。そのことを通して、現場における関係性や知のあり方を変革したり、現場の人々の**エンパワーメント**を図ったりすることを志向するのである。

応用研究
➡147頁『ニューカマーの子どもたち』
➡155頁『進学支援の教育臨床社会学』

伝統的な社会科学調査に対するアンチテーゼ

アクション・リサーチは従来の社会科学に対する批判と反省のなかから誕生した。伝統的な社会科学の枠組みのなかでは、調査の立案からデータ収集・分析、公開までのすべてを研究者が担うことが自明視されてきた。また、理論を検証したり生成したりすることが目標とされ、その成果は、学会発表や論文を通して研究者コミュニティに還元されることが期待されていた。これは伝統的なエスノグラフィーについても例外ではない。

こうした「研究者による、研究者のための調査」を批判し、一九四〇年代に「アクション・リサーチ」という言葉を初めて提起したのが、アメリカの心理学者クルト・**レヴィン**である[(1)]。差別と偏見の問題に強い関心があったレヴィンは、人々の心理が集団のなかで形成されることに注目する。そして、人々が対立的な関係を解消したり、自己変革を経験するためには、問題を話し合い、解決に向けて行動するワークショップのような取組みが必要であると提起して、アクション・リサーチの礎をつくったのである。

「何かを理解する最善の方法は、それを変えようとする試みのなかにある」。このように述べるレヴィンは、調査者が状況に働きかけ、なんらかの行動を起こすことを通じて知識や理論が産出される過程を重視する。その背後には、伝統的な社会科学の方

（1）レヴィンによって提唱されたアクション・リサーチの方法は、秋田喜代美・恒吉僚子・佐藤学『教育研究のメソドロジー』（東京大学出版会、二〇〇五年）の第五章に詳しい。

法論が、「客観的な知」を産み出すことを主な目標として、理論と実践の溝を広げてきたことへの鋭い批判がみられる。

具体的に提起されたのは、現場の問題解決に向けて「計画―実行―評価」を一つのサイクルとして行動し、それを次の新たなサイクルへと続けていく螺旋的過程である。その過程には研究者だけでなく、従来は調査の対象としか考えられてこなかった、現場に生活する人々も関わることが想定される。たとえば一九五〇年代のアメリカでは、教師自身が時に大学の研究者と協力しながら自身の授業を反省的に振り返り、問題点を明らかにして、生徒がより効果的に学べるように授業の内容や方法を改善するという**教育運動**が活性化した[2]。

しかし、アクション・リサーチが提起する新しい調査のあり方は、実証主義を重んじる当時の社会科学において肯定的に受け容れられたわけではなかった。そして、一九六〇年代にはいったん衰退する。

エンパワーメントにむけた研究者と現場の人々の協働

アクション・リサーチが近年再び脚光を浴びているのは、その手法を通じて階層、ジェンダー、人種、民族などの違いによって生じる社会的不平等の是正が可能になるのではないかという期待が高まっているためである。そこでは、社会的不利益を被っている人々や、従来調査の対象／客体とされてきた人々が、自分たちの状況を変えよ

(2)「調査者としての教師」(teacher-as-reseacher) 研究という名称のもと、教師が能動的な調査主体として自分の実践を反省的に振り返り、カリキュラム改革や教室の秩序形成、生徒の学力向上に結びつく知識や実践を生み出していった。それは教師の専門性や自律性を高める教育運動であり、今日の教育現場にも引き継がれている。

うとする意識をもって能動的に調査に関わり、調査を通して自己意識や社会関係を変革していくアクション・リサーチのあり方があらためて強調されるようになっている。

一方でアクション・リサーチを標榜する調査の目標や方法が多様化し、現場の人々の調査への参加をどのような形で促すかという点については、多様性がみられるようにもなった。そのなかで、「**参加型アクション・リサーチ**」（participatory action research）は、現場に貢献する理論を生成することだけではなく、現場にいる人々のエンパワーメントを推進することを強調する。(3)「参加型」という言葉が示唆するのは、研究者と現場の人々の双方が調査のあらゆる段階を通じて対等な立場で調査に参加し、対話し、ともに学習していく過程の重要性である。

たとえば、困難を抱えた**学校**において、現場の教師と大学の研究者が「何がどのように問題であるか」をそれぞれの専門的知識を背景に議論を交わし、共有された問題に関する解決策を一緒に練って実行していく。そこでは、従来の調査する―されるという分断が無効になり、社会調査のなかで自明視されてきた研究者の特権性に鋭いメスが入れられる。参加型アクション・リサーチにおいて研究者は現場の人々に対して調査を行なうのではなく、現場の人々とともに調査の過程や結果を吟味し、現場に変化を生み出す主体として行動するのである。

参与観察やインタヴューは、参加型アクション・リサーチのなかでも有用であるが、(4)それらの方法は研究者だけの専有物ではなく、**変革**という目標に向けて研究者と現場

(3) 参加型アクション・リサーチの詳細については、ノーマン・K・デンジンとイヴォンナ・S・リンカン『質的研究ハンドブック』第二巻（藤原顕編訳、北大路書房、二〇〇六年）や、William F. Whyte, "Encounters with Participatory Action Research," *Qualitative Sociology* 18(3), 1995 参照。

(4) このほか、アクション・リサーチでは質問紙やビデオ撮影も使われたりする。多様な調査法を組み合わせる「**トライアンギュレーション**」の有用性については、秋田ら前掲書を参照。

の人々がともに計画し、実施するものでなくてはならない。すなわち、研究者のもつ専門的知識と、現場の人々がもつ実践的知識の交流が絶え間なく求められるのである。それは、従来の社会科学が前提としてきた二項対立図式――「理論―実践」「調査する者―される者」――を突き崩し、両者の双方向的で対等な関係性の構築を推し進めることにほかならない。

このような調査過程を経ることで、現場に生活する人々は自身が重要であると考える問題の解決に向けて考え、行動し、現状を変革する能動性や主体性を獲得していく。同時に、研究者自身も現場における自らの思考や行動を自己再帰的に分析する機会を与えられ、既存の権力関係を揺るがす新しい知の生産や活動を担うことが可能になると考えられている。

協働することのむずかしさ

近年、アクション・リサーチは学校、病院、コミュニティ、企業などで積極的に取り入れられるようになった。そうした現場で研究者が直面する困難の一つは、人々との対話や協働的関係をいかにして形成し、持続していくかという点にある。

アクション・リサーチは、さまざまな立場にいる人の「声」を拾い上げ、それを行動に反映させていくことによって問題を解決していく方法である。しかし、現場の序列関係は往々にして弱者の側に立つ人々の「声」を封じ込め、調査への参加を妨げてしまう。たとえば学校において若い教師は発言権が小さく、ベテラン教師に遠慮して「声」をあげることを控え、調査に積極的ではないという事例が報告されている[5]。現場に関わるすべての人々の調査参加を促すことは容易ではない。

また、研究者が現場の人々を搾取している可能性についても継続した検討が必要である。なぜなら、両者の対等な関係や協働は簡単に達成できるわけではないからだ。たとえば研究者には、調査へのコミットを可能にするさまざまな資源――時間や情報、知識、そして時として研究資金――が与えられている。一方、現場の人々は日々の仕事に追われ、調査にコミットする時間的・精神的余裕がないことも多い。また、アクション・リサーチでは、研究者と現場の人々がともに調査報告書や論文を執筆することが推奨されているが、学術界の形式や手続きにのっとって書くことは、それに慣れていない現場の人々に大きな負担を背負わせることになる。

アクション・リサーチを志す研究者は、時間をかけて現場の人々とラポールを築き、さまざまな「声」と交渉しながら、彼ら彼女らが調査に参加し続けたいと思える仕組みや文化を彼ら彼女らとともにつくっていくことが課題となるだろう。

（5） Mary B. Llorens. "Action Research: Are Teachers Finding Their Voices?" *The Elementary School Jaurnal* 95(1), 1994, pp. 3-10.

チーム・エスノグラフィー

他者とともに調査することで自らを知る

エスノグラフィーは、問題設定、フィールドワーク、分析、そして執筆に至るまで通常一人で行なうとされている。しかし、実際のフィールドワークはさまざまな人々と出会い対話を進めるプロセスであることから、フィールドにおいて調査に協力してくれるあらゆる人々の存在は不可欠である。その意味で、エスノグラフィーは常にチームの形をとりながら進められるともいえよう。また、エスノグラフィーの手法を基本とする人類学の歴史のなかでも、数々の調査がチームによって行なわれていたことが明らかとなっている。

本項で扱う**チーム・エスノグラフィー**とは、複数の者がフィールドワークに携わるアプローチを意味するが、そのなかにはあらゆるチームの組み方が想定される。チームメンバーとして想定されうるのは、（一）同じ分野の研究者（たとえば複数の人類学者）、（二）異なる分野の研究者（たとえば学際的プロジェクトに入る人類学者と言語学者）、（三）在野研究者（必ずしも研究機関に所属せずに研究調査を行なっている者）、（四）現場の専門家（たとえば現場にコミットした実践的活動と研究を行なっている専門家）、（五）現場の調査協力者（いわゆる調査対象者を含めた、フィールドで出会う者）などである。チーム・エスノグラフィーは、現場の者と協働するという意味で、アクション・リサーチと重なるが、必ずしも現場を変革していくことを目的としてはいない。

ここでは特に、チーム・エスノグラフィーを、多角的視座を取り込むことで複層的に事象をとらえ、**自己再帰性・多声性**(1)に配慮したエスノグラフィーを可能とするアプローチと位置づけ、（一）の枠組みを中心に、社会学者または人類学者がチームを組んでエスノグラフィーを実践するケースを中心にみてみよう。

エスノグラフィーは一人で行なうもの？

エスノグラフィーといえば、「一人が一つの村で一年過ごす」という「単独の調査者」モデルが一般的である。たとえば、**マリノフスキー**(2)によって書かれた『西太平洋の遠洋航海者』のような古典の多くは、単独で行なわれた調査がもととなった単著である。では、チーム・エスノグラフィーは近年新たにとられるようになった手法なのだろうか。

実際には、チームによるフィールドワークは、人類学や社会学が学問として確立される以前から行なわれていた。たとえば、イギリスの第一世代の人類学的フィールドワーカーとされる、一九世紀末に活躍したトレス海峡遠征団は七人のチームであった。

（1）「自己再帰性」の項を参照。

（2）二一頁参照。

遠征団を率いたアルフレッド・ハッドンは、「フィールドには二、三人有能な人間が常にいるべきである」と述べ、チームによるフィールドワークの意義を唱えている。しかしその後まもなく、一九一〇年代には、マリノフスキーらによって、人類学が学問的な確立されるとともに「単独の調査者」モデルが科学的手法として人類学的調査の根幹をなすものとなった。

このような単独モデルが確立されながらも、チーム・エスノグラフィーの形態をとるプロジェクトは数多く行なわれてきた。(3) 近年は、現場に貢献する色彩を強く持つ、たとえば教育・医療などの分野の研究にエスノグラファーが入り、学際的チームとして調査を行なうことが多くなっている。しかし、方法論としてのチーム・エスノグラフィーについては、一九九七年にケン・エリクソンとドナルド・ストゥルが著した『チーム・エスノグラフィーを行なう』(4)が出版されているものの、広く知られているわけではない。

チーム作りとフィールドワークの実際

チーム・エスノグラフィーの醍醐味は、さまざまな背景、経験、研究経歴や視点を持つ者が結集し、豊かさが生まれることにあるが、チームを編成する際にはどのようなプロセスが必要とされるのか。まずは、メンバーが打ち解けあいながら、各々の関心、できることを分かちあった上で、共通の目標を設定することである。また、時間

(3) 研究者夫婦によるフィールドワークは古くから行なわれてきている。たとえば、一九三五ー六年にかけて、**エンブリー夫妻**が二歳の娘をともなって熊本県で行なったフィールドワークをもとに、夫のジョン・エンブリーが『日本の村　須恵村』(植村元覚訳、日本経済評論社、一九七八年)を一九三九年に発表した。その約四〇年後に、ロバート・J・スミスがジョン・エンブリーの妻であったエラ・R・ウィスウェルとともに『須恵村の女たち——暮しの民族誌』(河村望・斎藤尚文訳、御茶の水書房、一九八七年)を刊行した。前者は須恵村の社会構造、後者は住民、とくに女性の心理や感情に重きをおいた、対照的な作品であった。

(4) Ken C. Erickson and Donald D. Stull, *Doing Team Ethnography: Warnings and Advice*, London: Sage Publications, 1997.

がどの程度あるのか、実際調査を行なうことのできる範囲はどの程度か、また、予算がどの程度あるのかなど、さまざまな制約や状況をふまえ、メンバー個人の関心、専門領域、研究歴や目標と全体の方向性・目標とをすり合わせる必要もある。メンバーそれぞれが役割を理解し、チームリーダーを決めて責任の所在や組織構成を明確にすることが円滑なチーム作りにつながる。また、初期の段階で、収集したデータを誰のものとして扱うのか、出版の際の著作権などの問題や、全体ミーティングをどの程度の頻度で行なうのか、などについてあらかじめ取り決める必要がある。

チーム編成後、実際にフィールドワークにおいて協働する方法は主に三つある。第一に、同じできごとを同時に複数のエスノグラファーが観察し、その後話し合う方法である。第二に、定期的に報告会を開き、お互いの参与観察データについて発表・分析しあう方法がある。最後に、お互いの**フィールドノート**を読みコメントしあったり、情報を加えたり、解釈の違いについて話し合う方法がある。

他者を通じて自己を振り返る

チームで研究を行なう場合には、調査の効率を高め、なるべく多くの人や場を調査しフィールドを広げるために、メンバーが別々の場でフィールドワークを実施するのが一般的である。しかし、同じ現場に複数のメンバーが身を置き、調査者のとらえ方の違いに気づくことで得られるものも大きい。エスノグラファーが目にするもの、そして解釈のしかたは、エスノグラファー自身のジェンダー、エスニシティ、年齢、階層や、理論的方向性、経験、個人的価値観、政治的志向などに左右される、ということを意識せざるをえなくなるのである。また、フィールドワークについて検討を重ねあうことで、多角的視点を維持することができる。さらに、チーム実践を振り返りつづけることで、フィールドにおける**多声性**を意識化し、チームメンバーの背景やチームのあり方が、プロジェクト全体をどのように形作っているのかとらえなおすことができる。ピエール・**ブルデュー**が『世界の悲惨』（二〇〇二年）のなかで唱えているように、チームにおいては、「観察者が抱きがちな単一の、中心的、支配的、いわば、神のような視点を手放し、〔…〕共存し、時には直接的に競合しあう複数の視点の存在にこたえる複合的な視座を持たなければならない」[5]のである。

こうした**多角的視座**を活かしたチーム・エスノグラフィーの一例として、ジャネット・**セオファノ**とカレン・**カーティス**が、イタリア系アメリカ人コミュニティにおける食とエスニシティの関係について四家族を対象に実施した調査がある。二人による「二度語られた、ある物語を振り返る」（一九九六年）[6]によれば、二人は別々の日に対象となる家庭でフィールドワークを行ない、フィールドノートを共有し話し合いを重ねた。そこで気づいたのは、一方の調査者は、常に新鮮な素材を調理したものを、もう一方は残り物を出されていたことであった。そしてその差異は、一人が独身であるため世話を焼かなければならない対象とされ、もう一人は既婚であったため女性・母

（5） Pierre Bourdieu, *The Weight of the World: Social Suffering in Contemporary Society*, Cambridge: Polity, 2002, p. 3.

（6） Janet Theophano and Karen Curtis, "Reflections on a tale told twice," Annette Lareau and Jeffrey Shultz eds., *Journeys through Ethnography: Realistic Accounts of Fieldwork*, Boulder, Colorado: Westview Press, 1996, pp. 149-176.

として扱われた、という調査者各々の立場の違いによることが判明した。単独のエスノグラフィーでは見いだすことのできなかったこの気づきから、女性と食の関係について重要な知見を得ることができたのである。このように、エスノグラファー自身についての気づきと、それによる研究成果としての気づきがともにもたらされるところにチーム・エスノグラフィーの醍醐味があろう。

しかし、このような気づきに至るまでの過程であらゆる問題が生じうる。まず、フィールドノートの共有にはしばしば困難がつきまとう。人類学者の多くは、フィールドノートをわかちあうことに抵抗感を抱いている。[7]この問題を乗り越える鍵となるのは、メンバー間の信頼感である。また、他者に伝わるようなフィールドノートを記すために、自分がいるフィールドがどのような状況のもとにあるのか、文脈（コンテクスト）をとらえ、わかりやすく他者に伝える力をつけていくことであろう。

また、単独でフィールドに乗り込むことに慣れ親しんだエスノグラファーにとって、フィールドのなかで指示をしたり受けたりということには違和感がつきまとう。チームメンバーに対抗意識が芽生えることもある。内部者（ネイティヴ）に近い者と、やや外よりの者の間で、あるいは、属性が異なる者どうしなどで、派閥争いが生じたり、研究実績の差などにより権力関係が生じることもある。調査そのものよりチームメンバーの人間関係を円滑にすることを優先せざるをえない状況に、チームリーダーが葛藤を覚えることも多い。ストゥルらのプロジェクトにおいても、内輪もめによって途

（7） ジャクソンが七〇人の人類学者を対象に行なったインタヴュー調査。Janet E. Jackson, "I am a Fieldnote: Fieldnotes as a Symbol of Professional Identity," Roger Sanjek ed., *Fieldnotes: The Makings of Anthropology*, Ithaca, New York: Cornell University Press, 1990, pp. 3-33 参照。

中でメンバーの交代となったことが報告されている。

調査者の視点や、チームやフィールドにおける立ち位置は、調査を続けるなかで常に揺れ動くものである。チームメンバー間のこうした葛藤は、心地よいものではないかもしれないが、調査者自身の視点やポジショナリティ(8)を、多角的視点から見なおすきっかけとなる。メンバー全員がお互いのポジショナリティや視点、意見の違いについて安心して分かちあうことができる場を確保することで、多声性が保たれたエスノグラフィーを編む土台が生まれるのだろう。

残された課題――チームの成果を多声的に書くことのむずかしさ

『文化を書く』(9)出版後は、エスノグラフィーの書き方が多彩となり、想定される読者の幅が広がるなか、チーム・エスノグラフィー調査の成果を執筆する方法にも多様な可能性が模索されてきている(10)。須恵村についてのエンブリー夫妻の著作（注(3)参照）のように、それぞれの研究者が単独の成果として書いてしまっては、複数のエスノグラファーの視点が入ることの豊かさを明確にあらわすことができない。チームメンバーそれぞれが章を執筆し、編者が後でまとめる方法や、一人がゆるやかにまとめた原稿を他のメンバーに渡していき、編集を進めていく方法など、多声性に配慮した書き方が望まれる。しかし実際には、メンバー間の権力関係の問題をはらみ、チームメンバー全員が満足するように執筆するのには困難がともなう。また、視点の異なる

(8) 「ポジショナリティ」の項を参照。

(9) 「『文化を書く』」の項を参照。

(10) Karen O'Reilly, "Team Ethnography," *Key Concepts in Ethnography*, London: Sage, 2008. http://www.credoreference.com/entry/sageuketh/team_ethnography

メンバーの知見が一致せず矛盾が生じることもある。その場合、どのように整理して表現するのか、難しい判断を迫られることになる。

　具体的な提言や解決策が求められるような研究においても、多声性は歓迎されないことも多い。なぜなら、あらゆる声が入ることで、提言や解決策に対する評価が分かれてしまい、混乱を招きやすいためである。さらに、研究者の世界（学術界）においては、研究者個人としての実績が重視され、複数で行なう調査より単独調査、そして、共著より一人で書いた著書（単著）の評価が高くなる傾向がある。そのため、多声的な形をとったエスノグラフィーを発表できる場が限られてくる。

　チーム・エスノグラフィーの成果をどのように描き、伝えることができるのかを考えることは、研究は現場の役に立つことを目的にするのか、また、研究者は誰のために書くのか、など、自らの研究や研究者としてのあり方を、他者のまなざしを意識しながら再帰的に問い直す営みでもあろう。

はスムーズでしたね。
I：そこまではうまくいったけど、典型的な三田の家の一日の記述を再構築しよう、となった時、二人の視点の違いをどうすり合わせるか、という問題が出てきました。
H:I さんは、三田の家の静かな部分に注目していましたが、私は賑やかなイメージが強くて、どう描写するか意見が合いませんでしたね。
I：はじめてフィールドワークをした日の印象とか、フィールドに入った時間帯によっても、印象が違ったみたいです。これまでのお互いのフィールドワークの経験や研究の関心などによって、見えるものが変わってくるのでしょうか。
H：**「厚い記述」**というのは、事実をそのまま描写するものじゃないんですね。
I：エスノグラフィーはお互いの経験を交差させて再構築していくプロセスなのですね。でも効率性も考えると、結局書くのは一人でしかできないことが難しいところです。まずは二人で全体の構成、理論的枠組み、どの日を描写して、誰を登場させるかなどを決めて、それをもとに私がストーリーを書いてみました。その文章に H さんが補っていくことで、二人のエスノグラフィーが作られていきましたね。
H：二人ともその場にいた日について書こうとしたら視点が違って難しすぎました。ストーリーとしてどうまとめるかが大切ということで、結局 I さんがいなかった日も入れることにしました。誰を記述のなかに入れるかについてもなかなか意見が合わなかったですね。
I：一人の登場人物に関しては一致したけれど、描写するうえで重要と思っている人物は結構違っていましたね。データが誰のものか、というのも難しい問題です。二人でとったデータを勝手に一人でまとめてはいけないと思いますし。
H：二人の関係が対等だからそう思うんでしょうね。教授と学生だったら、教授がデータを握ってしまうかもしれません。
I：最終的にあのエスノグラフィーでよかったのかわかりません。**多声性**をもたせるのは難しいですし、これがまさに**書くことの暴力性や政治性**の問題ですよね。
H：そうですね。でも、こんな風に悩むのもチーム・エスノグラフィーならではですね。今はフィールドにいつまで関わるべきか、少し悩んでいるところです。外者（そともの）という気楽さもあって、最近は三田の家にも行ったり行かなかったりです。
I:H さんは気楽ですね。私のほうが内部（ネイティヴ）の立場なので、フィールドとの関係は研究が終わった後も続くと思います。フィールドからどのタイミングで離れてインフォーマントとどう関わっていくかというのも、立場によって変わるんですね。
H：I さんのほうが内側にいるだけあって参加者の方々と話をしているという印象があります。私は観察者モードでいる時間がもっと多いと思います。こういう距離感の違いも、フィールドに対する見方の違いにつながっていたんでしょうね。（続く…）

■コラム　チームでの実践を振り返る

井本（以下 I）：今まで二人でいろいろな研究をしてきましたね。今日は三田の家での研究を振り返ってみましょう。
堀口（以下 H）：三田の家は慶應大学の教員が主宰されていますが、ご近所の方もいらしてみんなで料理して食べたりできる、ゆったりした場ですよね。私たちが参加しているのは、月曜日の小さな国際交流セッションで、留学生がたくさん来ますね。
I：研究をはじめたきっかけは、私が外国語教育研究のプロジェクトに研究員として携わっていたころ、H さんにアドバイザーとしての協力をお願いしたことでしょうか。そのプロジェクトを通して三田の家を知って、企画を二人で立ち上げたのが三年ほど前ですね。チームとしてこれまで順調に研究してきたように思いますが、お互いイギリスの同じ大学院で、同じ指導教官のもとで人類学を学んでいましたし、共に女性。年数や滞在地は違いますが、二人とも学齢期を英語圏で、大学学部は日本で過ごした帰国子女でもある。大学院に入る前の経験を含めて、かなり共通点が多いですよね。
H：たしかに似ていますね。（先輩の）私としては先輩−後輩ではあるけれど、権力関係はなかったつもりでしたが、自分が気づいていなかっただけかもしれません。
I：三田の家の研究では、先輩−後輩の関係はあまり意識していませんでした。その前のプロジェクトでは上下関係をかなり意識していたかもしれません。関係性はその都度変わっていくのかもしれないですね。
H：二人とも三田の家に比較的多い帰国子女ですし、フィールドにはわりとすんなりなじんでいたと思います。I さんも私もよく学生に間違えられますね。
I：三田の家という非日常的な国際交流スペースで参加者のアイデンティティがどう変わっていくか、三田の家が組織としてどのような特色を持っているのかなどについて調査したわけですが、私たち自身のアイデンティティの曖昧さが研究で生かされていたのでしょうね。フィールドに行く時間とか日は違うこともありましたね。研究者チームとしてではなく、別々の参加者として見られていたと思います。
H：フィールドノートをよくやり取りしましたね。なるべくその日のうちにどちらかがメールして、後でもう一人がコメントを返すような感じで。自分がいなかった日の様子を知ることができてよかったですし、メールは気楽でした。同じ場にいても、見ていることとか、話した相手が違ったりするので、補いあえましたし。
I：この再帰的な対話こそがチーム・エスノグラフィーの醍醐味ですね。でもエスノグラフィーを書く段階になると、難しくなりましたね。
H：フィールドノートをやり取りしている段階からどういう理論を使ってまとめたいか、については一緒に考えていましたし、同じ指導教官についていたから分析的な視点は似ていたんだと思います。論文の枠組みを考えるところまで

ライフストーリー

個人の生の全体性に接近する

応用研究
➡135頁『顔にあざのある女性たち』
➡138頁『ハゲを生きる』
➡161頁『語りかける身体』
➡174頁『「病いの経験」を聞き取る』
➡177頁『高齢化社会と日本人の生き方』

あの、昔ね、仕事してたとき、福祉の関係だとかで、ずいぶんと大学の先生方も調べに来たよ、農林省の人やなんかも（――へーぇ）。調べに来たけども、それはやっぱりほら、仕事のうえで（――うん）、私の生き方について調べに来たわけじゃないから（――うーん、うん）。初めてだから、こういう生き方の模索は（――うん）。だから、うんとこう新鮮だね（――あーぁ）。新鮮な感じ。[1]

ひとりの人間と出会い、関係をつくっていきながら、その人の生き方・生きざまを聴きとっていく。**ライフストーリー**とは、個人の生（life）についての口述の物語であり[2]、ライフストーリー研究は、インタヴューによってそれを聴きとり、人間の経験にアプローチしていく調査研究手法である。

つまりそれは、たんなるインタヴューではないし、第二部の最初にとりあげた**アクティヴ・インタヴュー**をすればライフストーリーができあがるわけでもない。そこには、**個人の生の全体性**に接近していこうとする独自の問題意識と視点がある。従来の

（1） 小倉康嗣『高齢化社会と日本人の生き方――岐路に立つ現代中年のライフストーリー』慶應義塾大学出版会、二〇〇六年、四七二頁。この語りは、調査研究者（聴き手）である小倉が複数回にわたって積み重ねてきたライフストーリー・インタヴューに対して、調査協力者（語り手）が過去に受けたことのある他のインタヴュー調査とはまったく違うという感覚を述べたくだりである。なお、語りのなかの「（――）」部分は、聴き手のうなずきである。

アプローチのように、人間の生を、特定の「行為」や「役割」「階層」「パーソナリティ」といった要素にばらしたり、「高齢者」「都市生活者」「被差別者」「逸脱者」などといった抽象的・集合的なカテゴリーに還元して理解するのではない。また、語られたことの「事実」性のみでとらえるのでもない。むしろ、そういった要素やカテゴリーや事実をその人なりに背負いながら生きてきた、具体的な個人の経験の全体性こそを、人生という時間の流れのなかで、**物語性**（生の経験への主体的な意味づけ）を大切にしながら理解していこうとする。そしてそこに、文化や社会をつくりかえていく人間の創造的契機を見ようとするのである。

　そのために、人々の考え方・生き方の現状だけを一足飛びにとりだすのではなく、何度もインタヴューを積み重ねながら、そこにいたる足跡とそのプロセスへの意味づけを丁寧に聴きとっていく。その人がどういう状況を生きてきて、どのような経験（痛みや喜び・悲しみ）や思い（夢や希望・絶望）、あるいは動機（欲望や疑問・納得感）を抱いているのか。語りの内容だけでなく、語りの文脈（語りが生成していく経験の経路と、語りが生かされ展開していく社会的な関係性や文化的な物語）にも注意を払いながら、人間の生を理解していこうとするところに、このアプローチの特徴がある。

　その特徴は、他の新しいエスノグラフィーに見られる認識論・方法論の転換と多くを共有しながらも、独自の課題を突きつけてもいる。

（2）桜井厚『ライフストーリー論』弘文堂、二〇一二年、六頁。

具体的な個人としての人間への着目

ライフストーリー研究への胎動は、一九七〇年代終わりから八〇年代にかけての「ライフヒストリー法リバイバル」にはじまる。そのミッションは、「社会が具体的な人びとによって構成されていることを忘れている」[3]という言葉に象徴的に表明されている。

ここでライフヒストリーとは、口述の語りたるライフストーリーをはじめ、手紙や日記、自伝、写真や映像などの個人生活記録、文書・文献資料なども活用しながら「個人の生涯を社会的文脈の中で記述したもの」[4]であるとイメージしておけばよいだろう。一九二〇―三〇年代に、アメリカ社会の産業化・都市化を背景として犯罪やスラム化、人種問題などが噴出するなかで、その問題の渦中にある人々の生活をとらえるべくシカゴ学派が積極的に用いたことによって、ライフヒストリーは脚光を浴びた。ところが、第二次世界大戦後に押し寄せた、人間の経験を数字に置き換えることで客観化しようとする計量的実証化と、大きな理論によって人間と社会を統合しようとする抽象理論化をよしとする科学化の波のなかで、他の**質的調査法**とともに注目されなくなる。

しかし、のちにその傾向は「抽象化された経験主義」「誇大理論」だとして批判されてもいく[5]。その批判のなかで台頭してきた現象学的社会学、シンボリック相互作用

(3) ダニエル・ベルトー『ライフストーリー――エスノ社会学的パースペクティブ』小林多寿子訳、ミネルヴァ書房、二〇〇三年、一五頁。

(4) 有末賢『生活史宣言――ライフヒストリーの社会学』慶應義塾大学出版会、二〇一二年、六頁。

(5) チャールズ・ライト・ミルズ『社会学的想像力 新装版』紀伊國屋書店、一九九五年、三四―六六頁、六七―九九頁。

論、エスノメソドロジーなどの**意味学派**(6)と呼ばれる社会理論の勃興にくわえ、女性や黒人、障害者、同性愛者など、公式統計や誇大理論で周辺に位置づけられたり、無視され沈黙を強いられてきた人々の**異議申し立て運動**(7)、さらには、生産者としてだけではない生活者としての人間や日常生活への着目などの現実的な動きもあって、具体的で個性ある人間をとらえていく方法としてライフヒストリーが再び脚光を浴びるようになったのである。

だが、具体的で個性ある人間のライフヒストリーは、そこでもなお「平均的日本人」「近代女性」「○○世代」など調査研究者がつくりだした集合的カテゴリーの事例としてあてはめられたり、ライフヒストリーの主体的な語りたるライフストーリーの扱いも、他の個人生活記録や文書・文献資料による客観的事実の「脇固め」によって標準的な歴史時間(客観的な編年体)に編集しなおされたりすることが多かった。

つまり、個人の生やその主体的な意味づけに着目しながらも、それは調査研究者の道具立ての枠内でおこなわれがちだったのである。したがってその記述のしかたも、調査研究者(聴き手=書き手)は黒子に徹し、自身が問われる存在として表に現われることはなかった。

(6) 人々の主観的意味(解釈過程)やその相互作用(相互主観性)から社会的世界の自明性に分け入っていくことで、社会秩序のあり方・人間のあり方それ自体を問うていく社会理論の潮流。それ以前の社会理論で重視されていた「機能」よりも「意味」の視点を重視する点で共通している。

(7) フェミニズムが掲げた「個人的なことは政治的である」というスローガンを想起されたい。

生の多元性に切り込む——what から how へ

しかし、一九九〇年代後半から二〇〇〇年代にかけて、ライフヒストリーの主体的な語りたるライフストーリーの扱いを逆転させる立場が現われ、支持を広げていく。すなわち、ライフストーリーを素朴に事実を語ったものとみなし、それを調査研究者の道具立てにあてはめてライフヒストリーの客観化＝一元化をはかろうとする従来の立場とは異なり、ライフストーリーの**構成のされ方**に注目することによって、**語りの多声性**のなかに見出される生の多元性に切り込んでいこうとする立場である。(8)

語り手が何を語るか（what）は、誰がどのように聴いたか（how）によって左右される。また、同じ過去の経験であっても、語り手の現在の立ち位置＝社会的状況によって語られ方（how）は変わってくる。そしてそれは聴き手（調査研究者）とて同じである。聴き手（調査研究者）も無色透明な存在ではなく、自らの生と現在の立ち位置＝社会的状況という**ポジショナリティ**を背負って聴いているからである（その意味で、**「聴く」という行為**は、きわめて主体的な行為である）。

ライフストーリー研究は、それらをバイアスとして見るのではなく、むしろそここそ生の多元性や社会的なるもの、さらには文化や社会をつくりかえていく人間の創造的契機が現われ出てくると考え、積極的に見ていこうとする。換言すれば、ライフストーリーを語る―聴くという行為や関係のあり方（how）と、語られたことやその解釈・分析（what）を、従来のように切り離して考えるのではなく、密接に関わっているという発想でアプローチするのである。ライフストーリーが、語り手と聴き手の「共同作品」だとか「対話的構築の産物」だといわれるゆえんである。(9)

(8)　桜井厚「生が語られるとき――ライフストーリーを読み解くために」（中野卓・桜井厚編『ライフヒストリーの社会学』弘文堂、一九九五年）二一九―二四八頁。

(9)　先述の桜井厚は、のちにこのような立場を「**対話的構築主義**」と称し、ライフストーリーの方法論としてより積極的に打ち出している。桜井厚『インタビューの社会学――ライフストーリーの聞き方』せりか書房、二〇〇二年。

そのために、インタヴュー過程における語り手（調査協力者）と聴き手（調査者）の相互行為・相互関係が分析されたり、聴き手であり書き手でもある調査研究者自身の自己や生についても、ライフストーリー研究の重要なツールとして自己再帰的な記述がなされ、それ自体が解釈や考察の対象に入れられたりする。そのことによって、従来は黒子であった調査研究者の立ちふるまいも再帰的に問われ、調査研究者の枠組みが批判的に吟味されるポジションに据えられることになるのである。

つまり、インタヴュー過程や調査研究者という存在をも方法化することによって、従来、調査研究者の道具立てによって一元化されてとらえられがちであった個人の生の経験を、多元性に開いていこうとする試みである。

残された課題――ふたたび what へ

だがしかし、このようなライフストーリー研究の what から how への着眼点の転換は、ふたたび what の問題を浮上させる。

インタヴュー過程の**相互行為分析**や調査研究者の**自己再帰的記述**（how）が、ライフストーリー研究の方法論としては定着していく一方で、それが何をもたらすのかという what については、意外に明確に認識されていない。ともすればそれは、インタヴュー過程（how）のエスノグラフィーに終わってしまうことにもなりかねない。なんのための相互行為分析や自己再帰的記述なのか。それが、調査過程における調査研究者（聴き手）と調査協力者（語り手）のあいだの権力関係や非対称性に敏感になるという倫理的問題や、調査過程を透明化することによって調査知見の妥当性や信頼性を担保するといった方法論的次元にとどまらず、何（what）を切り開くのかという観点から追求されなければならないだろう。ライフストーリー研究の how への着眼点の転換を、いかに生活世界や社会的なるものへの認識（what）の豊饒化＝生の豊饒化につなげていくのか。それが、あらためて問われてくるのである。(10)

そこには、how という観点から語られたことの構築性を指摘するばかりでは、かえって具体的で実質的な生の経験から遠ざかってしまうという逆説もあるだろう。全体的な生を構成する経験には、語りえない断片、ストーリーにならない断片も沈殿しているからである。**対話的インタヴューという相互行為の積み重ね**のなかで、語られないこと・語りえないこととどう向き合うか。ストーリーにならない断片をいかにつかまえていくか。それが、個人の生の全体性への接近というライフストーリー研究のミッションに突きつけられている。(11)

そして、これらの課題は、前節で述べたような how をふまえ、それを what につなげていく記述のしかた・作品化のしかたとはどのようなものなのかという「**調査表現**」の問題も、同時に浮上させる。ライフストーリーを構成し、呈示するという実践には、ライフストーリーの語り手、聴き手＝書き手、読み手を出会わせ、この三者が対話的な関係をとりむすんでいくなかで新たな認識や現実（what）を生成していく

(10)　これは、他のアプローチにも共通することであるが、さきに方法ありきなのではなく、あくまで問題（what）が方法（how）を規定する、ということは肝に銘じておきたい。

(11)　このことは、個人の全体的な生をとらえていくために、ライフヒストリー研究が用いてきた語り以外の多様な資料（手紙や日記、自伝、写真や映像などの個人生活記録や文書・文献資料など）を、ライフストーリー研究が提起した how への問題意識を生かしながらいかに活用していくのかという問題も提起するであろう。この点については有末前掲書も参照されたい。

というコミュニケーションが織り込まれている。そしてそれが、読者の経験の重ね合わせ（追体験）を可能にし、既存のカテゴリーにあてはめた解釈ではなく、具体的な個人の生の経験を踏まえた解釈をうながしていくからである。そのような解釈こそは、文化や社会をつくりかえていく人間の創造的契機にほかならないであろう。

流動化する社会状況のなかで社会問題が個人化し、従来の概念ではとらえきれない新たな生のリスクや生きづらさが噴出している現代社会において、このようなライフストーリーをめぐるコミュニケーションは、新たな生のリスクや生きづらさを適切にとらえていく概念的手がかりを創造する契機となりうるだけでなく、そこに読者を巻き込むことで、新たな社会的文脈を生成していく実践性をもっている。(12)

このようなコミュニケーションを豊かにしていく調査表現が、how を what につなげていく試みのなかで求められているといえるだろう。

(12) くわしくは、小倉康嗣「ライフストーリー研究はどんな知をもたらし、人間と社会にどんな働きかけをするのか——ライフストーリーの知の生成性と調査表現」（『日本オーラル・ヒストリー研究』第七号、二〇一一年、一三七—一五五頁）を参照されたい。

オートエスノグラフィー

調査者が自己を調査する

応用研究
➡160頁『からだの知恵に聴く』
➡167頁『ボディ・サイレント』

オートエスノグラフィーは、エスノグラフィーのさまざまな形態のなかで最も自由で実験的な研究アプローチであろう。オートエスノグラフィーを特徴づけるものは何だろうか。

まず、一人称で語る「私」の存在が全面に登場することである。オートエスノグラフィーとは、調査者が自分自身を研究対象とし、自分の主観的な経験を表現しながら、それを自己再帰的に考察する手法だ。内部の視点から文化について考察を行なうという意味で、**ネイティヴ・エスノグラフィー**や**当事者研究**(1)と重なる部分もある。ただしオートエスノグラフィーは、自己の置かれている立場を振り返る再帰的な行為だけではなく、自分の感情を振り返り、呼び起こす、**内省的**な行為でもある。病をともなう身体的感覚や病人としての意識、家族との死別にともなう当惑や空虚感、恋愛にともなう嫉妬や高揚感など、当事者であるからこそ語れる個人の感情経験がテーマとして取り上げられることが多い。自分の経験を振り返り、「私」がどのように、なぜ、何を感じたかということを探ることを通して、文化的・社会的文脈の理解を深めること

(1)「ネイティヴ・エスノグラフィー」「当事者研究」の項を参照。

をオートエスノグラフィーは目指している。

オートエスノグラフィーのもう一つの特徴は、エスノグラフィーの従来の表現形式を問おうとしているところにある。社会科学の枠組みのなかで、主観的で感情的な記述を実現することは可能なのだろうか。より人間的で心のこもった学問を目指すことはできないか。自叙伝、詩、小説、日記、写真、戯曲、映像、回想録、論文など、実にさまざまな表現形態をオートエスノグラフィーはとる。ここで問題となるのが、多様であるがゆえの定義の曖昧さである。ある著者が自叙伝として書いたものは、別の文脈ではオートエスノグラフィーとして評価されるかもしれない。あるいはオートエスノグラフィーとして書かれた散文詩が、学術的な成果として認めてもらえないということがあるかもしれない。次に見るように、社会科学においてどのような記述が正当な研究として評価されるかというのは、時代とともに変わってきている。

オートエスノグラフィーの萌芽――エスノグラフィーの表と裏とその融合

旧来、エスノグラフィーは調査者が自分とは異なる文化・社会に属する人々を観察し、記述することを目的としてきた。**マリノフスキー**[2]は、参与観察を行なう際には、「他者」である研究対象とは常に一定の距離を保ち、客観的に社会構造を捉えることが重要であると説いている。「私」の主観が入り込むことは非科学的であるとされ、調査者の存在がエスノグラフィーに含まれることはほとんどなかった。しかし実は、

（2）二一一頁参照。

マリノフスキーは研究として発表したトロブリアンド諸島のエスノグラフィーとは別に、現地に滞在中、日記を記していた。そこには、エスノグラフィー本体には登場しない人類学者マリノフスキーの生々しい姿が浮かび上がる。日記のなかでマリノフスキーは未開のインフォーマントらをけなし、彼らへの苛立ちや嫌悪をあらわにし、辺境の地で経験した深い孤独感について語っている。冷静で科学的な眼差しで社会を捉えることを目指したエスノグラフィーと、個人的な経験や感情を書きとどめる役割を果たした日記は、別の領域で異なる真実を語っていたのである。

マリノフスキーの日記は没後二五年にあたる一九六七年に『厳密な意味での日記』[3]という題名で出版されたが、その内容は当時の文化人類学者に衝撃を与え、理性を体現していたマリノフスキーのような西洋人男性調査者の絶対的な立場を揺るがした。エスノグラフィーに現われるのは、限られた、つくられた真実であることが明らかになったのである。その後、調査者の個人的経験は裏話としてではなく、学問の対象としても徐々に扱われるようになっていった。**文化**は調査者のポジショナリティとは無関係に客観的に捉えられるものではなく、調査者との対話や相互関係のなかで生成されていくものである、という前提にシフトしていった。さらに、**書くという行為**がいかに恣意的であるかということが議論されるようになっていった。エスノグラフィーを書くということは、経験の断片をつなぎ合わせて物語をつくることであるという認識が定着していったのである。

（3）邦訳は『マリノフスキー日記』谷口佳子訳、平凡社、一九八七年。

オートエスノグラフィーの開花——自己を探究し、感情を喚起する

一九九〇年代以降、人類学の影響を受け質的な研究アプローチを推進していた社会学者やコミュニケーション学者によって、オートエスノグラフィーという手法の可能性が活発に議論されるようになった。社会学者キャロリン・エリスを筆頭に、社会科学に「感情」や「人間性」を吹き込む表現形式の実験が展開されはじめた。愛や死、憎しみや悲しみという経験や感情は、統計や客観的な事実を述べたデータで説明できるものではない。しかし、これらは人間社会の理解に不可欠な問題であり、社会科学において取り上げるべき課題であり、オートエスノグラフィーはそれを模索するのだ。エリスの代表作である『最後の交渉——愛と喪失と慢性病の物語』[4]というオートエスノグラフィーは、師弟関係から始まり、恋人となったパートナーであるジーンとの恋愛、ジーンを襲う病いとの闘い、そして出会いから九年後に迎えた死別の経験を回想し綴った物語である。

例えば物語の前半では、恋人の病気の進行を示す一つ一つの出来事に懸命にたち向かう、著者エリスの気持が揺れ動く様子が描かれている。

飛行機の中でシャンパンを片手に知的な議論をし、目先の旅の計画を立てるようなロマンティックな日々はもうなかった。今は一瞬一瞬が病気に囚われている。妬ん

（4） Carolyn Ellis, *Final Negotiations: A Story of Love, Loss and Chronic Illness*, Philadelphia: Temple University Press, 1995.

でいる様子は見せないようにしているけれど、そして彼を少しでも楽な気持にさせてたいと思うけれど。自分のためにも。ああ、神様——ぶるっと私は震える——お願い。ただそうしたい。

「お手洗いに行く」。ジーンの目は焦りを訴えている。私は彼の後ろをついて行き、近くにある席に腰掛ける。突然ドアが開き、そこにはトイレの椅子に坐りこみ、はぁはぁと息苦しくもがくジーンの姿が。私の体は凍りつく。その間も頭の中では懸命に事態を呑み込み、対処しようと必死だ。彼のところへ駆け寄って、肩に手を置く。ズボンのジップが閉まっているのがせめての救い、と思う。そしてこのような緊急時のなかでも羞恥心を覚えている自分に気づき、また落ち込む。(5)

オートエスノグラフィーでは語り手の行動、思考や感情、他の人物とのやりとりなどが細やかに再現されていることがわかるだろう。「私たちは経験をありのままに捉えられない、ということこそ真実」(6)であるとエリスらは論じているが、経験した「事実」を正確に描くことよりも、経験についての「意味づけ」を表現することが重視されている。**岡原正幸**も同じような前提のもと、小児アレルギー性喘息を患う「私」と家族の間に共有される感情について、自伝的記述を記している。(7)発作への恐怖や不安、喘息児であることへの負い目などの感情について回顧しているが、自伝的な手法をとることについて次のように述べている。

(5) Ellis, ibid., p. 92.

(6) キャロリン・エリス、アーサー・ボックナー「自己エスノグラフィー・個人的語り・再帰性——研究対象としての研究者」藤原顕訳(ノーマン・K・デンジン、イヴォンナ・S・リンカン編『質的研究ハンドブック3巻 質的研究資料の収集と解釈』平山満義・伊藤勇・大谷尚訳、北大路書房、二〇〇六年)一二九—一六四頁。

(7) 岡原正幸「家族と感情の自伝——喘息児としての「私」」(井上眞理子・大村英昭編『ファミリズムの再発見』世界思想社、一九九五年)六〇—九二頁。

自分の経験しただろう感情の再生産（追体験）と記述が、本書の主題である自立と依存、ファミリズムという思索になにかしらの具体性を喚起することができれば、幸いである。いやそれ以上に、私の生きた経験があなたの生きた経験とどこかで接点を持ちえること、それに私は賭けているのである。(8)

オートエスノグラフィーの多くは、このように社会や文化の理解を深めるものでありつつ、読者との共感を目指している。

残された課題——科学と芸術の狭間で

オートエスノグラフィーは、自分の経験を主な（場合によっては唯一の）データとして、自己の内面に迫る。これは、自己中心的でナルシスティックな行為であると批判されることがある。特に、社会への還元や具体的な問題解決が要求されることの多い現代の社会科学の立場からは、自分を研究することの意義を正当化するのは、障害や病いの当事者研究などの部類に入らない限りは難しい。

また、形態が多種多様で手法としての一貫性に欠けるため、学問的価値判断をするのが難しいとも批判されている。エスノグラフィーの従来の規範から抜け出すことにその意義があるとすれば、オートエスノグラフィーは常に実験的であり、創造的・挑

(8) 岡原前掲書、六六頁。

戦的である必要があり、学問的手法としての確立を拒みつづけるべきなのかもしれない。一方で、正統な研究手法としての確立を目指し、オートエスノグラフィーを理論化し、制度化するべきだと考えることもできる。エスノグラフィーは芸術なのか、科学なのか。表現であるのか、分析であるのか。

ノーマン・デンジンはこの課題に立ち向かい、すべての研究は演出的であり、教義的であり、政治的であると述べている。ネイティヴ・アメリカンが歴史的にどのように語られてきたかを研究するにあたり、権威的な研究手法や歴史の意味を揺るがす実践としてのオートエスノグラフィーを提示しているが、その試みの抜粋を最後に紹介する。「ドラマティックで詩的な演出スタイル」で、個人史、公的文書、論文や一般書の記述をつなぎあわせ、「歴史の中に自分を書き込みそしてその歴史を変えるために」オートエスノグラフィーを実践する、とデンジンは言う。(9)

オートエスノグラフィーは周縁的な手法ではあるが、将来の社会科学のあり方について、エスノグラフィーが捉えるべき「真実」とは何なのかという問題について、私たちにヒントを与えてくれるのではないだろうか。

（9） Norman K. Denzin, "Analytic Autoethnography, or Déjà vu all Over Again," *Journal of Contemporary Ethnography*, 25(4), pp. 419-428, 2006.

Voice 5 Foley

Kids were told
to stay away from
“those Indians”...
it was a dark,
scary place
full of violence...
I heard many scary stories
about the settlement
but one version
told by a white woman married
to a Mesquaki stands above all others.
Her scary story
was about a
white boy who got
castrated
for messing around
with an Indian
woman (1995, pp. 3-4)[10]

声5　フォーリー

あのインディアンたちには
近寄らないように
と子供たちは忠告された……
暴力が蔓延している
暗くて
怖い場所だった……
居住地区について
私は怖い話をたくさん聞いたが
メスカーキ族に嫁いだある白人女性が
語ったある話が
そのなかでも際立っている。
この怖い話は
白人の男の子が
インディアンの
女性と
わるふざけをしたために
去勢されたこと
についてだった（1995年、3-4頁）

Voice 6 Narrator as writer

It saddens me to hear a story
such as Foley’s.
Is it true?
because, because if it is
to forgive
is to risk letting everything
fall
apart
and can there ever be any
hope of healing?[11]

声6　書き手となった語り手

フォーリーのような
話を聞くと悲しくなる。
本当のことなのだろうか？
なぜなら、なぜならもしそうだとすれば
許すことで
すべてが崩れ
落ちる
かもしれなくて
一体そこにはあるのだろうか
癒える兆しは。

（10） Douglas E. Foley, *The Heartland Chronicles*, Philadelphia: University of Pennsylvania Press, 1995 から引用。著者デンジンが詩のなかで人類学者フォーリーのこの著書から引用している。Denzin, ibid.

（11） Denzin, ibid., pp. 425-426.

オーディエンス・エスノグラフィー

メディアの利用を観察する

応用研究
➡190頁『ファミリー・テレビジョン』
➡192頁『日式韓流』

テレビ・ラジオの視聴者や映画館の観客は、メディア・大衆文化に関する研究分野で最も関心を集めてきた研究テーマの一つである。**オーディエンス・エスノグラフィー**は、このような「**オーディエンス**」(1)を研究対象とし、人々が日常生活のなかでメディアを利用している現場に入って参与観察やインタヴューを行なう調査方法である。その目的は、人々がどのようにメディアを利用し、その内容を解釈し、そこから意味を生み出しているのかを明らかにすることだ。**カルチュラル・スタディーズ**の分野でテレビ視聴者を研究する新しい方法として提唱された。

テクスト分析、利用と満足研究の弱点

このオーディエンス・エスノグラフィーが行なわれるようになったのには、次のような背景がある。メディアの受容に関する研究では、もともと人文科学的アプローチをとる**テクスト分析**と、社会科学的アプローチをとる**コミュニケーション研究**が主流であった。テクスト分析は、映画やテレビなどのメディア内容そのものを「テクス

(1) メディア研究における「オーディエンス」とは、主にラジオの聴取者、テレビや映画の視聴者、新聞や雑誌の読者を指す概念である。オーディエンス・エスノグラフィーにおける「オーディエンス」は、テレビの視聴者を対象としていることが多い。

ト」[2]とみなして分析する手法をとる。[3]メディアのテクストを中心に検討するため、テクストが視聴者に対して直接的で強力な効果をもたらすことを前提としている。したがって、実際に読者や視聴者がメディア・テクストをどの程度能動的に解釈しているのかについては、十分に考慮しないという弱点を持っている。

後者は、コミュニケーション研究のうち、とくに「**利用と満足研究**」（uses and gratification studies）と呼ばれる分野に関係が深い。これは、私たちがどのようにラジオやテレビなどのメディアを利用し、どのような満足を得ているのかという問題関心を持つ。このように視聴者を能動的な存在として捉える点では、「利用と満足研究」はオーディエンス・エスノグラフィーと似ている。しかし「利用と満足研究」は、主に量的調査を用いてラジオやテレビの視聴者の充足を統計的に分析する。その結果については、類型化・一般化を行なう。さらに大きな違いは、個々の視聴者を「自由な」主体でありメディアの内容を「多様に」解釈できる、とみなすことだ。そのため、後で詳しく述べるように、視聴者や読者を取り巻く**社会的文脈**を十分に考慮していないという批判を受けている。

カルチュラル・スタディーズのエスノグラフィー

一九八〇年代頃から、イギリスのカルチュラル・スタディーズの研究者たちは、テクスト分析や「利用と満足研究」の弱点を乗り越えようと、テレビ視聴者の研究にエ

（2）ここでいう「テクスト」とは、主に文学理論で用いられる用法であり、書かれたものを記号が織りなされたものとみなす。テクストには、作者によって決定された唯一の意味があるわけではない。読者が「読む」という行為を通して、意味は多層的・多元的に書き換えられていく。

（3）雑誌『スクリーン』を中心に展開していたイギリスのスクリーン派を代表とする。記号論的・精神分析的なアプローチをとる。

スノグラフィーを採り入れ始めた。このオーディエンス・エスノグラフィーの特徴は、メディアを利用する人々の背後にある社会的条件を重視することだ。なぜなら、私たちは社会的関係から切り離された個人としてテレビを視聴するわけではない。社会ではさまざまなカテゴリー――階級やジェンダー、人種・エスニシティなど――に基づいて、**権力**が不平等に配分されている。そうであれば、テレビ視聴者がどのような社会的カテゴリーに属しているのか――上流階級か労働者階級か、男か女か、白人か黒人か――ということが、テレビ番組の見方や、解釈の仕方に影響を及ぼす。とはいえ、階級などの要因がテレビ番組の見方や解釈の仕方を一義的に決定するわけではなく、視聴が行なわれる空間や文脈など、メディアを取り巻くさまざまな要因が重層的に影響を与える。こういった問題関心がオーディエンス・エスノグラフィーの根底にはある。

より詳しく説明すると、この問題関心は、一九七三年に発表されたスチュアート・ホール(4)の**エンコーディング／デコーディング・モデル**に基づいている。従来のマス・コミュニケーション研究では、送り手によってメディア内容に意味が与えられ、そのメッセージを受け手が「正しく」解釈することが「正常な」コミュニケーション過程だと考えられていた。この場合、社会における主流派（たとえば白人や男性）の文化やそのコードが共有されている、ということが前提となる。しかし実際には、私たちは自分に与えられた知識の枠組みや、経済的条件、技術的インフラのなかで制約を受

（4）イギリスのカルチュラル・スタディーズの代表的な研究者。ジャマイカで生まれ、主にイギリスで研究活動を行なう。メディアやアイデンティティに関わる文化理論に多大な貢献をしてきた。

けつつ、メディア・テクストを解釈している。

　ホールはこのようなコミュニケーション過程をエンコーディング（送り手がテクストに意味を与える過程）とデコーディング（受け手がテクストを解釈する過程）とに区別した。[5]これによって、個々人はメディア・テクストを完全に「自由に」解釈できるわけではなく、さまざまな権力のせめぎあいのなかで「読み」を行なっているということを表わしたのである。

　このホールのモデルをもとに、デヴィッド・モーリーやロジャー・シルバーストーンなどのメディア研究者たちは、さらに議論を展開していった。彼らは、メディア・テクストの「読み」を、メディアが実際に利用される文脈から切り離して考えるべきではない、と主張したのだ。たとえば、テレビが視聴される場について考えてみよう。その主な場所は家庭である。そこでテレビのリモコンを独占しチャンネル権を握る者は、家族の構成員のうち最も権力を持つ父親／夫であることが多い。妻や子供は彼が好むような番組をしばしば一緒に視聴し、その内容を解釈する。そうであれば、テレビ視聴のスタイルとその「読み」方を切り離して別々に研究するよりも、日常生活の文脈のなかで、人々はどのようなコミュニケーション技術を使って、どのようにテレビを視聴し、そのメディア・テクストを解釈しているのか、包括的に研究することが望ましい。

　要するに、（一）どのようにメディア・テクストを解釈しているのか、（二）どのよ

（5）「交渉的コード」では、支配的な意味を受け取りながら、部分的には異なる「読み」をする。「対抗的コード」では、支配的な意味に対して対抗的な「読み」をする。「支配的コード」では、送り手が込めた意味を受け手もそのまま受け取る。

うな状況でメディアを利用しているのか、という異なる二つの側面を統合的に明らかにしようと試みるのである。そして、このような研究の目的に有効な方法は、人々が日常生活を送る現場に入って観察を行なうエスノグラフィーだというわけだ。

では、オーディエンス・エスノグラフィーは具体的にどのように行なわれるのだろうか。まず、調査者が複数の家庭を訪れ、家族がテレビを視聴している現場を観察する方法がある。この場合、家族の一員になることはできないが、ともにテレビを視聴し観察やインタヴューを行なう。また、若者や高齢者、エスニック・マイノリティなど特定のカテゴリーの人々から形成されるコミュニティを対象とし、そこに属する人々がテレビを視聴している様子を観察する方法がある。さらに、大衆文化やサブカルチャーの消費者まで研究テーマを広げ、ファン活動を行なう人々がどのようにメディアを利用し、意味を生産しているのかを観察する方法がある。これらの場合、調査者がその現場に住んだり通ったりしてコミュニティの一員となる、ファン活動を実践するなど、参加して観察することも可能だろう。

残された課題

オーディエンス・エスノグラフィーには課題も多い。その最もよく指摘される問題は調査期間の短さだ。文化人類学では、一般的に数カ月から数年という長期間の参与観察が行なわれる。これに対して、オーディエンス・エスノグラフィーではたった一度現場に出向いていったインタヴューによるデータを用いることも少なくない。これでは日常生活の文脈を理解するには不十分である、「**厚い記述**(6)」がなされるには程遠い、という批判を受けている。

つぎに、カルチュラル・スタディーズは、学術研究が「中立的」だとするマス・コミュニケーション研究を批判してきた(7)。オーディエンス・エスノグラフィーに関しても、中立的な「真理」の探求などではなく、書き手によって歴史的にかつ競合的に記述が産出される方法として提唱している。だがオーディエンス・エスノグラフィーが、**自己再帰性**(8)を十分に発揮してきたとは言い難い。つまり、調査するエスノグラファーと調査される視聴者側が、現場でどのように相互に影響を与えあっているのかについて、十分に議論がなされてこなかったのである。

さらに、最近ではインターネット利用者と**サイバー空間**に関する研究が増えている。インターネットの場合、個人がメッセージを生産して送り手となることもできる。そのため、送り手と受け手の境界が曖昧になり、「オーディエンス」という概念が当てはまりにくくなっている。そうであれば、カルチュラル・スタディーズが提唱した「オーディエンス」のエスノグラフィーというアプローチはインターネット利用者に関する研究にも有効なのか、という問題が浮かび上がってくるだろう(9)。

(6) コラム「厚い記述」を参照。

(7) とくにマス・コミュニケーション研究は、科学の「客観性」「中立性」を掲げつつも、実際は選挙や政治的プロパガンダ、企業のマーケティングと深く関わりながら発展してきた。

(8) 「自己再帰性」の項を参照。

(9) サイバー空間におけるエスノグラフィーについては、メディアを研究対象とする文化人類学、社会学、マーケティングなどでさまざまな方法が試みられている。代表的なものとして、Daniel Miller and Don Slater, *The Internet: An Ethnographic Approach*, Oxford and New York: Berg, 2000; Robert V. Kozinets, *Netnography: Doing Ethnographic Research Online*, Sage, 2009 などがあげられる。

マルチサイテッド・エスノグラフィー

グローバルとローカルを繋ぐ

応用研究
➡145頁『越境する日本人家族と教育』
➡193頁『文化移民』

従来、社会学では人々の生活が一つの「国」のなかで完結することを前提に、**国民国家**を重要な分析枠組みとして、社会のしくみや人々の日常生活を検討してきた。また、文化人類学では**文化**が地理的な場所に結びつけられてきたが、その枠組みは必ずしも国民国家を超えるものではなく、一つの国に一つの文化があるという前提もみられた。

しかし、一九八〇年代に入ると**グローバリゼーション**が進展し、前記のような「国」に縛られた枠組みの限界が指摘され始めた。情報科学技術の革新によって、ヒト・モノ・カネの国際移動が促進され、国家間の連携が強化される時代が到来したのである。今日では、政治・経済・文化・情報システムの世界規模化が、人々の意識や行動を「国」という枠組みから解き放つようになっている。国際移動の急増は代表的な例だが、ほかにも自分の生まれ育った国以外の場所に憧れや愛着を抱いたり、国際的な人権問題や環境問題に関心を持ったりと、人々がグローバリゼーションを経験し、国を超えた現象をつくる方法は実にさまざまだ。

（1）マルチサイテッド・エスノグラフィーとグローバル・エスノグラフィー（後述）の違いについては、Pablo Lapegna "Ethnographers of the World United?" *Journal of World-Systems Research* XV, 2009 を参照のこと。現場の捉え方、文脈の捉え方、リサーチ・デザインの設計、再帰性の四つを比較軸とした考察がなされている。

グローバリゼーションを人々がローカルな場で経験し、人々によってつくられる過程であると捉えたとき、エスノグラフィーはグローバリゼーションという現象を読み解く重要な手法の一つになる。人々のミクロな相互作用に注目するエスノグラフィーは、どのようにしてマクロなグローバリゼーションという現象を捉えることができるのだろうか。ここでは代表的な二つの方法を紹介しよう[1]。

マルチサイテッド・エスノグラフィー

人類学者ジョージ・E・マーカスは、「マルチサイテッド・エスノグラフィー」(multi-sited ethnography)と呼ぶ方法を提案した[2]。従来、エスノグラフィーは、ローカルなコミュニティや集団などの単一の現場《サイト》で参与観察を行なう方法が一般的であった。しかしこのマルチサイテッド・エスノグラフィーは、**複数の現場《サイト》**を横断する文化的現象を追いかけながら参与観察を行なう方法である[3]。

なぜ複数の現場におけるエスノグラフィーが提案されたのだろうか。その一つの理由として、急速にグローバル化が進む現在、ローカルな出来事の多くがグローバルな社会の諸制度と関わるようになったことがあげられる。たとえば、あなたの地元に外国からやって来る人々が増えたとしよう。それはある国や地域において、日本での仕事を紹介する斡旋機関が増えたことが原因の場合もあるし、日本製アニメの放送時間が増加し日本に関心を持つ人が増えたことが原因の場合もあるだろう。このように、

(2) よく知られているように、マーカスはポストモダン人類学の旗手である。このマルチサイテッド・エスノグラフィーの視点は、伝統的な文化人類学にくわえて、メディア研究、フェミニズム、科学技術研究(例えばダナ・ハラウェイのサイボーグ論)、カルチュラル・スタディーズ(例えばアルジュン・アパデュライの文化経済)など、ポストモダン思想の影響を受けた学際的領域の研究に基づいている。

(3) マルチサイテッド・エスノグラフィーは、複数の現場で参与観察を行なう調査法として提案されているが、必ずしも国境を越える必要はない。一つの国民国家や地域の境界内にある、複数の現場での参与観察も、マルチサイテッド・エスノグラフィーの例として示されている。

近くで起こる現象も、遠くで起こる現象と複雑に繋がっていることが多くなった。そうであれば、ローカル―グローバル、あるいは（ミクロな）生活世界―（マクロな）システムと分けるような見方はもはや有用ではない。もう一つの理由として、ヒト・モノ・カネの流れに、一定の法則を見いだしにくくなったことがあげられる。たとえば今日の人の流れを見てみると、ある場所からの資本の流れが影響することもあれば、違う場所からのメディアの流れが影響することもある。そうであれば、この複数の場所で起こる、一見非連続的に見える現象の関係を理解するための方法が必要になってくる。なぜなら今日では、こういった複数の場所で起こる、非連続的な現象そのものが、世界のシステムの構成要素となっているからだ。

では、マルチサイテッド・エスノグラフィーの具体的な方法はどのようなものなのだろうか。それはまず、（一）「人の追跡」であり、特定のグループの移動に合わせて追いかけたり留まったりする。その典型は移民や移住者の研究である。(4) つぎに、（二）「モノの追跡」である。複数の場所で循環する有形物――商品、贈与品、お金、アート作品、知的財産など――を追いかけ、異なる文脈でどのように循環しているのかを明らかにする。このほかに、（三）言語の使用法などの「メタファーや象徴の追跡」、（四）神話などの「物語の追跡」、（五）「ライフストーリーの追跡」、（六）中絶問題や知的財産権などの問題に関わる「論争の追跡」の手法がある。以上のようなマルチサイテッド・エスノグラフィーには、調査者が頻繁に現場を移動し、それにつれて周囲

（4）また、研究対象の「その後」を追う手法もある。たとえば、最初の現場は学校とし、調査協力者が卒業した後は現場を就職先に移すなど。

の人間との関係や調査者の立場が変化していくという特徴がある。(5)

グローバル・エスノグラフィー

社会学者のマイケル・**ブラウォイ**が提唱するのは、「**グローバル・エスノグラフィー**」(Global Ethnography)である。グローバル・エスノグラフィーは、グローバリゼーションという大きな潮流のなかで、ローカルな現場に生きる人々がどのように新しい変化を経験しているのかという問題を追究する。グローバル化は国境を消失させ、世界規模の画一化をおしすすめるという見方もあるが、グローバル・エスノグラフィーは、国民国家の役割は依然として残り、人々が生活するローカルな現場の多様性は失われていないとする。そして、**ローカルな現場**こそがグローバリゼーションという現象がつくられる場所、すなわち、国民国家の制約があるなかで国境を越えた社会関係や絆がつくられ、さまざまな境界が重なり、衝突する場所であることを強調する。

そうだとすれば、参与観察を行なう現場はマルチサイテッド・エスノグラフィーが提唱するように複数ではなく、一つであってもいい。たとえば、一つの**移民コミュニティ**で参与観察を行なう。そして、そのコミュニティにおいてどのように移民が流出入し、母国社会と現地社会を結ぶ活動が展開しているのかということを、歴史的な変化や、地球規模で展開する資本主義体制の影響力を考慮しながら検討する。そのことによって、グローバリゼーションが人々の生活に根づき、ローカルに展開していく過

(5) そのため、困難をともなう調査方法だともいわれている。この問題の解決策として、現場ごとに変化する自分自身のアイデンティティを交渉し、その場における調査者としての立場を能動的に構築していくことが提案されている。

程を分析することができる。参与観察やインタヴューを通じて、ある現場が国境を越えた繋がりをもつことを歴史的な視点から捉え、その分析からグローバリゼーションの理論を生成することが、グローバル・エスノグラフィーのめざすところである(6)。

そこで重要になってくるのは、次の視点と方法である。一つめは、グローバリゼーションの経済的・政治的影響力が、人々によって受容されたり、抵抗されたりしてきた過程を歴史的に検討すること。そのためには、現場の歴史資料や、同じ現場を扱った過去のエスノグラフィー研究を参照しながら、「いま」の現場に見いだせる変化をあぶりだすことが必要である。別の見方をすれば、そうした歴史的変化が見いだせそうな現場を調査地として選ぶことが、研究計画を立てる段階で重要になってくる。

二つめは、人々が国境を越えて持続的な結びつきを形成したり、想像力を働かせたりする過程をたどることである。この点を強調するのであれば、マルチサイテッド・エスノグラフィーが提唱するように、複数の現場で参与観察を行なうことも有益である。たとえば、移民を送り出す地域と受け容れる地域の両方で参与観察と史料収集を行なうことによって、国境を越えた二地点を結ぶ関係性が、ローカルな場におけるジェンダーや階層関係を変容させる過程を明らかにすることができる。グローバリゼーションの影響力が画一的ではなく、ローカルな現場ごとに異なることもわかるだろう。

複数調査地の（不）可能性

（6）　ブラウォイは社会学者であり、エスノグラフィーを既存の社会学理論を発展させる方法として位置づけている。彼の手法は**拡張事例研究法**（extended case method）として知られ、そこでは既存の社会学理論を参照した現場の選定、観察、分析過程が重視されている。理論への偏重はグローバル・エスノグラフィーにも反映されており、それによって現場の生き生きとした多様性を看過しているという批判もなされている。Melissa D. Hargrove, "Global Ethnography," *Transforming Anthropology*, 10(2), 2001, pp. 38-40 を参照。

グローバリゼーションによって境界が流動化し、複数の現場との関わり合いが求められるとき、エスノグラファーは新たな問題に直面する[7]。まず、調査を実施するうえで、時差ボケや移動にかかる金銭的コスト、時間のやりくりなどの現実的な問題が浮かび上がる。頻繁に移動を行なえば、肉体的疲労や交通費が負担となる。また、授業や家庭にある程度拘束される調査者にとってみれば、頻繁に移動を行なう参与観察に十分な時間を使うことは難しいだろう。

つぎにより深刻な問題として、複数の現場で参与観察を進める際、調査者はどの関係性を調査対象として取り上げ、どの現場に参加したらいいかという判断をせまられることになる。その判断を適切に下したとしても、今度は、複数の現場と関わり合いながら調査を進めるという困難に直面する。たとえば地理的に隣接していない三、四カ所の地域にわたって特定の文化的現象を追いかける場合、調査者が移動を繰り返しつつ各現場に深く関わることは難しいだろう。現場に深く関われなければ、そこに存在する複雑な社会関係について、「厚い記述」を行なうことも難しくなる。

以上のように、現時点ではさまざまな方法上の問題がある。マルチサイテッド、およびグローバル・エスノグラフィーは、グローバルな現象を対象とするがゆえに生じる問題の解決策を探りつつ、方法論を洗練させていく途上にあるといえるだろう。

(7) ここで述べる諸問題については、ガッサン・ハージ「存在論的移動のエスノグラフィ」(伊豫谷登士翁編『移動から場所を問う』有信堂、二〇〇七年)を参照。

Dorinne K. Kondo, *Crafting Selves: Power, Gender, and Discourses of Identity in a Japanese Workplace*, Chicago: University of Chicago Press, 1990.

アイデンティティ

「なる」「する」様態に迫る

私が私であること、その根拠となるものを、私たちは「アイデンティティ」と呼ぶ。一般的に、アイデンティティは個人の心や頭のなかにあるもの、と想定される。「アイデンティティ」の語の生みの親、社会心理学者の**エリクソン**が青年期に多発するアイデンティティの危機に注目し、それを病理とみなしたように[1]、アイデンティティは基本的には統一され安定したかたちをとるもの、と考えられている。

いっぽう、アイデンティティは完全に個人的な問題ではなく、社会的につくられるものである、という考え方がある。社会的相互行為において、つまり、具体的な状況のなかで、数々の他者を相手に、それぞれに期待される役割を演じたり演じなかったりするなかで形づくられるものだから、必ずしも統合されているとはかぎらないし、そこには葛藤や軋轢も生じうる。「私」は、静的に個人のなかに「ある」のではなく、個別具体的な社会的文脈のなかで「なる」「する」ことによって構築される、というのである[2]。

このようにアイデンティティを抽象的なこころの問題ではなく、人と人がまじわり

(1) E・H・エリクソン『アイデンティティ』岩瀬庸理訳、金沢文庫、一九八二年。

(2) 構築主義的アイデンティティ論の展開に関しては、上野千鶴子「脱アイデンティティの理論」(上野千鶴子編『脱アイデンティティ』勁草書房、二〇〇五年)を参照。

あうなかで立ち現われる、複雑な社会的過程として捉えるとき、「私」という現象はエスノグラフィーの対象に他ならない。果たして私たちはどのように、自身の人種やエスニシティ、ジェンダー、年齢、階級の現実を、そしてそこに含まれる葛藤や軋轢や不平等を、生きているのだろうか。

相互行為的（不）達成――「なるもの」としてのアイデンティティ

ポスト構造主義のアイデンティティ論は、アイデンティティが「つくられるもの」であるという点をさらに先鋭化させる。何に、どのように「**なる**」のかは、個人の自由にゆだねられているわけではない。私たちは何かになったり、ならなかったり、ならされたり、さらにはなれなかったりするなかで、自身を縛りつける規範やイデオロギーをそのまま再生産してしまうこともあれば、意図するとせざるとにかかわらず、それらを乱すこともある。[3]

このことをもっとも早く、鮮明に描き出した**自己再帰的エスノグラフィー**のひとつに、**ドリーン・コンドウ**の『織りなされる自己』[4]（一九九〇年）がある。「日系アメリカ人、女性、人類学者」であるコンドウは、一九七八年から八一年にかけて東京下町の和菓子工場で参与観察を行なうが、生活や職場をともにするなかで、「日本人、男性、和菓子職人」や「日本人、女性、パートタイマー」たちからさまざまな――時に好意的な、時に差別的な――扱いをうける。それらとわたりあうなかで彼女は、人々

（3） ジュディス・バトラー『ジェンダー・トラブル――フェミニズムとアイデンティティの攪乱』竹村和子訳、青土社、一九九九年。坂本佳鶴恵『アイデンティティの権力』勁草書房、二〇〇五年。

（4） Dorinne K. Kondo. *Crafting Selves: Power, Gender, and Discourse of Identity in a Japanese Workplace.* Chicago: University of Chicago Press, 1990.

が「互いに互いを織りなしあう」過程にまきこまれていくのである。そこでは、最も優位にある、横柄で差別的な態度の年配男性職人たちでさえ、実は、若い男性たちや女性たちなしにはその地位を保つことができず、しかも、ともすれば嘲笑や批判の対象となる。また、最下辺におかれた「パートのおばさん」たちは、職場において「母」役割を遂行することで、いっそうジェンダー規範にしばられるいっぽうで、男性労働者たちに対して一定の影響力を手に入れてもいる。誰が優位で誰が劣位なのか、どの行為が服従でどの行為が抵抗なのか。自らの置かれた立場、そして感情的な反応をも記述し分析するなかでコンドウが描き出す、複雑な人間関係の様相は、そうした単純な問いを跳ね返すようである。

渋谷真樹による『「帰国子女」の位置取りの政治』（二〇〇一年）[5]も、それまで主に単発的なインタヴューやアンケートによってのみ理解されてきた「帰国子女」たちの生活世界を、帰国子女教育学級（「空組」）を特設する学校での一年七カ月にわたる定期的な観察から、これも自己再帰的にていねいに分析するものである。特にこのエスノグラフィーは、調査者と生徒たち、教師たちとのあいだの解釈のずれにも注意を払い、**多声性**を重んじるアプローチとなっている。

ここで問われるのは、この学校において「帰国生」と呼ばれる、長期海外滞在経験を有する生徒たちが、どのような特徴をもつ集団なのかではなく、「帰国生」というアイデンティティが彼ら彼女らの日々の行為のなかでどのように立ち現われるか、で

（5） 渋谷真樹『「帰国子女」の位置取りの政治――帰国子女学級の差異のエスノグラフィ』勁草書房、二〇〇一年。

ある。すなわち「帰国生」たちが、他の生徒たち、教師、保護者、そして社会に存在する「帰国子女」のステレオタイプを意識しながら、どのような位置に自分をおくのか、どのように「帰国生」になるのか、が問われるのである。

興味深いことに、「日本語ができない」「変わっている」、さらには「バカでうるさい」などというイメージをもたれたなかで、生徒たちがより多く実践するのは「順応の位置取り」、つまり、「一般生」のまなざしをとりこみ、自身をその規準に近づけようとする態度である――「てか、こっちの考え方とあっちの考え方と違うから。そういうこと、今から覚えとかないと後で困るから」[6]。英語の教師や教科書に反論したり、独特の日英混合言語を使ったりする「抵抗の位置取り」は、「帰国生」しかいない安全な空間でのみ、見られるのである。

さらに重要なのは、「帰国生」という集団じたいが、実はその内部に多様性、そしてそれゆえの緊張や不平等を含むということである。なかには滞在地域や現地での就学状況の関係で、英語が話せず英語圏の文化に不慣れな、一般的にイメージされるような「帰国生」にはなれない生徒もいることを忘れてはならない。彼ら彼女らもまたその独特の位置から、**交渉**を挑んでいるのである。

空組のなかにある複数の差異は、複雑に揺れ、絡み合いながら、それぞれの生徒たちに特定の位置、すなわちアイデンティティを与えている。しかも、位置取りは固

（6）渋谷前掲書、一三九頁。

定しているわけではない。時として生じる閉塞状況は、時間や空間、人間関係が動くことで、その都度解決が図られている。空組における周縁者たちは、「一般生」との交流を広げたり、二年生に進級したりすることで、新たな位置を得ていた。マイノリティ集団の中のマイノリティは、そこを飛び出すことで、かえってマジョリティ集団に接近することも可能だった。(7)

調査者に語りだす――「すること」としてのアイデンティティ

インタヴューにより重点をおくエスノグラフィーにおいては、調査者によって用意された社会的カテゴリーに身をおいて語る――「する」――様態がいっそう明らかにされる。カルチュラル・スタディーズやポストコロニアリズムの理論は、人種、エスニシティ、階級、ジェンダー、セクシュアリティが均質的で斉一的な「アイデンティティ」であるという前提に疑義を呈し、その流動性・混淆性(8)に注意を促してきた。

この流れをくむ戴エイカの『多文化主義とディアスポラ』(一九九九年)(9)は、一九九〇年代のサンフランシスコにおいてディアスポラ(10)として生きる人々を、同じくディアスポラである戴(11)がインタヴューする、ネイティヴ・エスノグラフィーの一種として読める。日本社会においては「日本人」あるいは「在日外国人」と呼ばれる彼ら彼女らが語りだすのは、単一で均一なナショナリティやエスニシティを棄却し、新たに「する」かたちである。自身を「インターナショナルな在日韓国人」と呼ぶ者もいれ

(7) 渋谷前掲書、二〇三頁。

(8) アイデンティティは固定的で均質的なものではなく、状況や他者によって変動する(流動的 fluid)、そして異質なものが入り混じっている(混淆的 hybrid)ということ。スチュアート・ホール、ポール・ドゥ・ゲイ編『カルチュラル・アイデンティティの諸問題――誰がアイデンティティを必要とするのか』(宇波彰監訳、大村書店、二〇〇一年)を参照。

(9) 戴エイカ『多文化主義とディアスポラ――Voices from San Francisco』明石書店、一九九九年。

(10) 「離散の民」、ここでは特に国境を越えて移動する人々を指す。

(11) 戴は前掲書において、「日本の東京出身の母と台湾の鹿港出身の父のあいだに生まれ、二〇年前にサンフランシスコに

ば、「今自分のことを日本人って言ってるのは超越した意味で」と言う者も、そして、次のように語る者もいる。

半分日本人であとの半分はフィリピンとか、ぼくと同じような友だちが多かった。みんな集まると自分たちの特別なクリオールを使っちゃう。ハワイ英語と標準英語と日本語のミックス。ミックスをやっていないとアイデンティティがなくなっちゃうみたいで、自己の確立のために使っていたところがありましたね。

自分が「なにじん」って聞かれて、こたえられないんですよ。聞かれるたんびに考えて、自分の中でも葛藤がある。そのうちこたえようと思わなくなった。やっぱりいきついたところは、なんでこんなこと言わなくちゃいけないんだろうって。「なにじん」でもいいんだけどなって。[12]

これらの「する」あるいは「しない」語りが、すぐさま人種やエスニシティを無化するわけではないだろうし、彼ら彼女らがまったく自由で平等な世界に生きているというわけでもないだろう。しかし、自身を「なにじん」という単一のアイデンティティにつなぎとめようとする権力作用に対し、そのハイブリッド性を武器に揺さぶりをかける、彼ら彼女らの姿がある。

移住し、〔…〕現在は日本籍だが、近い将来米国の市民権を取るつもりだ」と自己同定している（七頁）。

(12) 戴前掲書、一八六頁、二〇五頁。

フェミニスト・エスノグラフィーの方法論をとる北村文の『日本女性はどこにいるのか』(二〇〇九年)[13]もまた、東京とホノルルにおいて「日本女性が日本女性にインタヴューする」という設定をとる。しかしそれは、国籍とジェンダーを同じくする者どうしだからより多くの、より正確な情報が得られた、ということを意味しない。むしろ、インタヴューに応じてくれた女性たちと完全に同一化することができない、自身のポジショナリティの問題をつきつけられた北村は[14]、彼女らのアイデンティティの語りが予期どおりには展開しない、複雑なものであることに気づいていく。

女性たちは、突然トーンを変えて話したり矛盾や非一貫性を露わにしたりして、聴き手である私をしばしば当惑させ混乱させた。それこそが、既存のフォーマットから、彼女らの語りがこぼれだす瞬間だ。突然決心して知る人のいない外国に旅立った彼女が自らをどこにでもいる、普通の日本女性と呼ぶとき。誰もがうらやむような華々しい経歴の彼女が、自分こそが伝統的で保守的な日本女性だと言い張るとき。グリーンカードを有する、バイリンガルの彼女が、場面に応じて外向的になったり内向的になったりするとき。かわいい、おとなしい彼女が、突然キャラクターを変えて周囲を笑わせ始めるとき。[15]彼女らは日本女性らしいのだろうか? 典型的なのだろうか、例外的なのだろうか?

(13) 北村文『日本女性はどこにいるのか——イメージとアイデンティティの政治』勁草書房、二〇〇九年。

(14) 北村はこの本において、調査協力を断わられたエピソードを紹介し、日本の大学院に在籍しつつ奨学金を得てハワイ留学中であるという、相対的に恵まれた立場にある自身ついて省察している(前掲書、四六―四七頁)。

(15) 北村前掲書、二〇九頁。

このように、それまで注意を払われることのなかった安定しない、期待を裏切る語りに耳を傾け、自身の驚きや当惑と向きあうエスノグラファーは、女性たちが意図的あるいは偶発的に「日本女性」を撹乱する様子を見いだすのである。

残された課題——アイデンティティの重みと痛み

しかしいっぽう、第一に、そのように流動的で混淆的なものとしてアイデンティティをとらえさえすれば、「ガイジン」「パートのおばさん」「帰国子女」「在日」「ハーフ」「日本女性」などにまつわる差別や排除の諸問題をすぐさま解決できるわけではない、という問題がある。国籍、エスニシティ、階級、ジェンダーのどれについても、「ある」ようにつくられてしまった現実の重み、そしてそのもたらしうる痛みがある。そうしたリアリティを軽んじることなく、「なる」「する」過程を描きだしていくことが求められる。

第二に、アイデンティティを本質視しないアプローチは、時に、調査の対象とされる人々について確固とした知識や事実を提供しようとしない。下町の和菓子工場にはどんな人たちがいたか、とか、帰国生や日本女性とはどういう集団か、とかいう問題設定をあえてせず、調査をしておきながらその対象をはっきりと、わかりやすく描きだすことをしない——なぜなら彼ら彼女らに同一の、均質のアイデンティティを想定しないから。このラディカルな態度に対する評価は分かれるところだろう。

ジェンダー・セクシュアリティ

男／女の線びきを問いなおす

他人に自分のことをあれこれ言われたり、まるでその場にいないかのように扱われるのはイヤなものだ。これまで男性によって一方的に解釈され、または無視されてきた女性に関する知を、女性自身の手で生み出したい。そうして**女性学**がはじまった。

一九七〇年代初頭、日本の**第二波フェミニズム**（**ウーマン・リブ**）の影響を受けた**井上輝子**は、アメリカの women's studies を「女性学」の訳語で日本に紹介した。その後、女性学は研究・発表の場を自ら作りだし、大学のなかで存在感を増していった。

この動きがあったことから、日本の女性学が欧米から輸入されたと言われることもある。しかし、初期日本の女性学はアカデミズムで学んだ女性たちと、一般の主婦など草の根の女性たちの勉強会や生涯学習の講座が一体になり、はぐくまれたものだ。

高学歴女性でも就職口がなく、結婚がすべてとされる社会状況も、分野横断的な女性の交流を後押しした。**西川裕子・上野千鶴子・荻野美穂**の鼎談は、「生活の中の女であることのしんどさとか、男との関係とか、家族の問題とか、そういうものを話し合うニーズがあった」と、初期女性学周辺の雰囲気を伝えている。

上野　ある人は自転車にダイコンを積んできて、姑には買い物に行くって言って出てきた、女性学研究会に行くなんて言ったら何様だって言われるから、早く帰らないといけないんだけど、これだけは言っておきたいって必死にしゃべっていた。みんな、家や職場に帰れば孤立していたのよ。やっとの思いで来て、そこでお湯にあたったような、のぼせた顔をして帰っていった。[1]

九〇年代には、日本の女性学の蓄積が『日本のフェミニズム』[2]シリーズにまとめられた。アカデミズムの論文から、女性運動のチラシまで幅広い文献が収録されている。女性学は、女性の社会運動と一体になって発展していった。

(1) 西川裕子・上野千鶴子・荻野美穂『フェミニズムの時代に生きて』岩波書店、二〇一一年、八二頁。

(2) 岩波書店、二〇一〇—一一年に改訂新版発行。

ジェンダー・スタディーズ——一枚岩でない「女性」／性別二元論への疑問

女性学は「女性の女性による女性のための学問」だが、フェミニスト・エスノグラフィーの項目にもあるように、女性も一枚岩の存在ではないとすぐに指摘されはじめた。

西倉実季[3]は、**ライフストーリー**の手法を用い、顔にあざのある女性たちの経験を聞きとった。しかし、女性たちが「普通でない顔」ゆえに苦労した経験を語っていたのに、当初、西倉がそれを「美しくない顔」の経験として聞いているというディスコミ

(3) 西倉実季『顔にあざのある女性たち——「問題経験の語り」の社会学』生活書院、二〇〇九年。

ユニケーションが発生した。西倉は、外見で判断される経験は、女性として共通のはずという思いから、美醜をめぐるジェンダー分析を考えていたという。その前提が、いかにインタヴュイーの語りを正しく聞き取ることを妨げ、またその「性急」な想定がどう変化していったかが丁寧に記述される過程は、調査者自身をも分析の対象とし、女性間の差異を記述するフェミニスト・エスノグラフィーと言える。

B 〔後輩は〕「Bさんはきれいでいいなー」って言ってるんだけど、ある日、「Bさんはお見合いをされないんですか?」って言うから、「私のような人間は普通の縁談はないから、お見合いは難しいのよ」〔…〕って言ったら、「あ、そうだと思いました」って言うんですね。「うちの妹も体が弱くて、『お見合いできるかな』とかって言ってるから、Bさんもそうなんじゃないかなって思った」って言って〔笑〕

Bさんは顔にあざのある自分を、女性としては「規格外品」だと語る。「きれいでいいな」と言われる時には、鼻が高くて二重まぶたという「通常の美醜判断」の基準が適用されているが、結婚などの話題では美醜以前に、顔のあざによって女性の「枠の外」におかれてしまっているという意味だ。また、「女の友達とでも、親しくなっても、やっぱり、自分の素顔を知らないってことは、かくしてるってことは、ほんとに友達なんだろうか」(4)という別のインタヴュイーの言葉は、「女性」であれば、男性

(4) 西倉前掲書、一一一頁。

や社会から美醜で判断される経験を共有できるわけではないということを示している。そして、**ジェンダー**概念の登場により、女性学は新しい局面を迎えた。西倉の例が示すように、女性同士であっても、民族、階層、障害の有無など、他の要因との関係でさまざまな差異がある。これほど異なるたくさんの女性たちが、なぜ女性だということだけでひとくくりにされてしまうのか。

人は、ある人を女だ、男だと名づける時に、それを他と区別する線引きをし、その線の内側にいる者には共通性があると認識している。この作用を**カテゴリー化**という。そして、性別の他にもさまざまな差異の要素があり、また性別というのも性器（外性器／内性器）の性、染色体の性、性自認など多様な要素からなるにもかかわらず、すべての人間を男か女かのたった二つのカテゴリーに分けてしまい、かつその両者に大きな違いがあるとすることが**性別二元論**なのである。ジェンダー研究はその問いなおしを始めたのである。

男性学――女性学への応答と男らしさの問い直し

女性学に呼応する形で、**渡辺恒夫**、**伊藤公雄**らにより「**男性学**」が提唱されはじめた。man は男という意味であるが、同時に人間という意味も持っている。男性の特質は、従来人間の普遍的な性質と一体と考えられ、男性固有のものと捉えられてはこなかった。しかし、今では、女性だけが特殊、イレギュラーな存在なのではなく、男性も**男性性**という特殊さを持っていると考えられている。

男性としてカテゴライズされた人々は、その男性性を身につけるための試練にさらされる。**須永史生**の『ハゲを生きる――外見と男らしさの社会学』（一九九九年）は、**ライフストーリー**の手法を用い、ハゲの親睦会「光頭会」などへのインタヴューから、「男性はなぜハゲを恥ずかしがるのか」を問う。須永は「ハゲを形態によって厳密に定義しようとするならば、それはきわめて困難」（どの程度毛が少なくなれば「ハゲ」なのか）とし、人が「ハゲ」と自認する、また他人が特定の頭髪の状態の人を「ハゲ」と名づける経緯に焦点をあてた。

木下　〔ハゲの〕他は、エラがあろうか鼻がペッちゃんこだろうが、それほど執着する男はいないと思うよ。〔…〕

――自分のことを考えると髪の毛が一番執着します？

木下　ああ。それはやっぱり、何を一番言われるかというとエラじゃないよな。人が一番気にしてるだろうと、自分が思ってるからな。(5)

ハゲは男性同士の間で、「女にもてない」と女性の目をひきあいに出してからかわれる。しかし、その「女性の目」は実際に女性がハゲをどう評価するかとは関係がない、男性がつくりだした「フィクション」であり、男性同士の間で通用している男ら

（5）　須永史生『ハゲを生きる――外見と男らしさの社会学』勁草書房、一九九九年、九三頁。

（6）　実際、須永の本では、インタヴューを受けた協力者のうち、「からかい」を受けた経験のうち、男性によるもののほうがはるかに多いことを指摘している。

しさの基準である。[6]男らしさの規範は女の目や外見などを気にせず、「堂々とする」ことを求めてるから、からかわれた側は怒りや反発をあらわにすることはできない。ハゲを気にしていると認め、弱みをさらけ出すという男らしくない状況に陥るからだ。須永はこれをハゲをめぐる「人格のテスト」と名づけた。男らしさは相互にテストし合うなかで、確認され、強化される。テストを拒むことは難しい。からかいに対して拒否反応を示すこと自体が、男らしさ失格とみなされ、さらなる攻撃対象になるからである。

女性が生まれつき女性性を持つのではないように、男性性も生まれつきのものとは限らない。兵士や会社員には男なら誰でもなれると思われているが、男性は子どもの時からそれにふさわしい男性性を学校や家庭における相互作用（たとえばハゲをめぐる「人格のテスト」）のなかで、身につけ／つけさせられていくのだ。

クィア・スタディーズ――セクシュアル・アイデンティティの構築性

ジェンダー研究の隣接分野である**クィア・スタディーズ**は、一九九〇年代以降盛んになった。クィアという言葉は、もともと**セクシュアル・マイノリティ**への蔑称である。それをあえて使い、セクシュアル・マイノリティの自己肯定の意味をこめて言葉の意味を変革しようという意図が、クィア・スタディーズにはある。

中村美亜[7]は、**ライフストーリー**や、**フェミニスト・エスノグラフィー**の方法を参照

（7）中村美亜『心に性別はあるのか？――性同一性障害のよりよい理解とケアのために』医療文化社、二〇〇五年。

し、トランス・ジェンダーたちへのインタヴューを行なった。トランス・ジェンダーとはいえ、その性別越境の度合いはさまざまだ。体を変えたいと思う人もいるが、ホルモン摂取を拒否し、「女性であるということはフィクション」「人によってつくられたことだと考えている」という人や、「性同一性障害」の病名を受け入れることは、自分がおかしい（病気）と認めることで、「生き方に矛盾を生じさせる」という人もいる。

クィア・スタディーズと連携してきたセクシュアル・マイノリティの運動は、はじめから内部にゲイ／レズビアン／バイセクシュアル／トランス・ジェンダーというような多様な担い手がおり、そのアイデンティティ・カテゴリーもさまざまであることが大きなテーマとなっていた。したがって、性自認を扱う際も、例えば「トランス・ジェンダー」というようなカテゴリーを自明視せず、そのアイデンティティ・カテゴリーと人々がどのように距離をとり、またとらないのかを丁寧に考察する研究が多い。

中村の聞き取りは、人間なら誰でもジェンダー・アイデンティティ（性同一性）があるという考えや、病名としての性同一性「障害」という定義をゆるがす。リサーチを終えて中村は「ジェンダー・クリエイティブ」を提起し、人は他者との関係のなかで、自己のジェンダーのあり方を創造できるとしている。

なお、セクシュアリティ研究は、セクシュアル・マイノリティを対象とするものにとどまらず、異性愛や、処女、童貞などに付与される価値を問いなおすものも多い。

残された課題

ジェンダーやクィアといった概念は、女性や男性、ゲイ、レズビアンなどのカテゴリーが社会的に構築されたものだと明らかにした。同時に、社会運動のなかでは、女性やゲイといった特定のアイデンティティ・カテゴリーを、担い手にとって自明の前提とすることは、将来的に解体したいはずの、私たちを縛るカテゴリーを再強化するのではないかという、**アイデンティティの政治**の問い直しが起きた(8)。

しかし、同時に女である、ゲイであるというような、他者や社会との相互作用のなかで学ばれ、身につけられ、社会的に構築されたアイデンティティは、当人にとっては現実的な重みを持ち、環境や行動を規制し、生きるよりどころにさえなることがある。構築されているから重要ではない、簡単に変えられるということではない。つくられたものであるにもかかわらず、何故かそれは真実の、変更しがたいものになってしまうのだ。

これからのジェンダー、セクシュアリティをめぐるエスノグラフィーには、人々の相互作用のなかでのジェンダー、セクシュアリティのカテゴリー構築の過程を明らかにするとともに、構築された現実が、それでもリアリティを持っている状況をいかに描くかということが求められている。

(8) 砂川秀樹「「変動する主体」の想像/創造――「レズビアン&ゲイ・パレード」とバトラーの再考から」『現代思想』二八(一四)二四〇―二四六頁。

人種・エスニシティ

越境する人々の意味世界を理解する

近年、私たちは日常生活のなかで、肌の色、顔つき、言語、宗教、ライフスタイルといった面で、自分とは異なる人々と出会う機会が増えている。身体的特徴の差異に注目したとき、人々は白人、黒人、アジア人などと分類され、これは「**人種**」という概念によって理解されてきた。一方、一つの国のなかには、さまざまな人種集団だけではなく、文化や祖先が異なる人々、すなわち**エスニック集団**が混在するようにもなっている。このような、国民国家内部における人種や**エスニシティ**の多様性を後押ししているのが、人々の国境を越えた移動である。たとえば、「単一民族国家」と信じられてきた日本においても、最近では大都市を中心に、中国、韓国、ブラジル出身の人々が増えてきた。多様な人種やエスニック集団が日常的に接触するようになると、そこには集団間の偏見や差別、対立の問題が生じる。

こうした問題に直面したのが、ヨーロッパから非アングロサクソン系の**移民**が大量に流入し、貧困や犯罪が席捲した二〇世紀初頭のアメリカ大都市であった。この状況に際し、**シカゴ学派**の社会学者たちはエスニック・コミュニティにおいて参与観察や

(1) 当時のシカゴは、移民の大量流入によってエスニック集団間の抗争が絶えず、貧困と犯罪がはびこる街になっていた。シカゴ学派の社会学者たちは、エスノグラフィーを通じて問題の原因を解明し、その知識を街の改革に役立てることを志していた。

(2) ウィリアム・F・ホワイトの『ストリート・コーナー・ソサエティ』(奥田道大・有里典三訳、有斐閣、二〇〇〇年)は伝統的エスノグラフィーの代表といえる。ホワイトは、イタ

インタヴューを精力的に行なった[1]。エスノグラフィーの手法によって、コミュニティの外側からは見えにくい、人種・エスニック集団内の「異質な」規範が形成される過程を明らかにしたのである[2]。しかし、その一方で伝統的エスノグラフィーは、人種やエスニシティが「つくられる」過程にはさほど注意を払わなかった。そのため、人種やエスニック集団の境界は揺れ動くものであるということが、十分に捉えられているとはいいがたい。

つくられる人種・エスニシティ――柔軟な境界形成

フレデリック・**バルト**のエスニック境界論[3]にはじまり、一九八〇年代に構築主義が広まるなかで、人種やエスニシティは本質的にその人に備わっているのではなく、歴史的・社会的な過程のなかで構築されるという了解が浸透していく。人種やエスニシティの流動性や可変性はどのような方法で捉えることができるだろうか。

韓東賢の『チマ・チョゴリ制服の民族誌』（二〇〇六年）[4]では、チマ・チョゴリ制服の着用を通じて「在日朝鮮人」というアイデンティティが結晶化していくプロセスが、**ライフストーリー**や**アクティヴ・インタヴュー**を用いて解き明かされている。韓は朝鮮学校の卒業生であり、朝鮮総連の機関誌『朝鮮新報』に勤務した経験も持つ、エスニック・コミュニティの内部者である。その点でこれは**ネイティヴ・エスノグラフィー**ともいえる。自身が「周縁化されたポジションにあるがゆえの「本物」への希

リア系移民が集住するボストンのスラム地区で下宿生活を送り、地域に住む二〇代の若者たちと行動を共にしながら、彼らの行動を観察して語りに耳を傾けた。そして、無法地帯と蔑まれるイタリア系コミュニティが、実は独自の秩序を維持していることを明らかにした。ホワイトに続いて、移民や黒人コミュニティを扱った都市エスノグラフィーが多く生産された。

（3）バルト「エスニック集団の境界」（青柳まちこ編『エスニックとは何か』新泉社、一九九六年）のエスニック境界論は、エスニシティをはじめからそこにあるものとして捉えるのではなく、自集団と他集団の境界をめぐるせめぎ合いのなかから立ち上がってくるものとして論じる。

（4）韓東賢『チマ・チョゴリ制服の民族誌――その誕生と朝鮮学校の女性たち』双風舎、二〇〇六年。

求」[5]をもっと語る韓は、そのポジショナリティを、一九六〇年代初頭にエスニシティの象徴としてチマ・チョゴリ制服を着用した女性たちの生き様と重ね合わせ、当時朝鮮学校に通っていた人々にインタヴューを行なっている。チマ・チョゴリ制服をいつ、どのように着ていたのか。それについてどう思っていたのか。オープンエンド形式の質問を投げかけることによって、韓は語り手たちが四十年以上前の記憶を掘り起こし、再構成する作業を手伝っている。

豊かなライフストーリーを引き出すためには、聞き手が積極的・意図的にインタヴューに関わることが欠かせない。韓は、研究の動機づけを明確に語り、時として自分の考えを鮮明に打ち出して相手にぶつけてみる。

わざわざ大学院にいってこんなことを研究しようと思ったのは、新報社にいたので制服見直しの議論に触れる機会も多かったのですけど、なんかおかしいなと思っていて。〔…〕あまりにも当事者の意見がないがしろにされていたというか、議論に加わらせてもらえてないということと、そしてはじまりの歴史について誰も知らずに話しているということが、ずっと気になっていました。[6]

こうしたネイティヴとしての韓の意見は、語り手側から共感やアドバイスなど、さまざまな反応を引き出す。そこでは、チマ・チョゴリ制服を、「朝鮮人」としての誇

(5) 韓前掲書 二二二頁。ここでいう「「本物」への希求」とは、正統な「朝鮮人らしさ」を獲得する欲求のことを指していると思われる。それは本質主義的なエスニシティへの希求でもあるのだが、この点について韓は、「でもそこには、けっして近づけないというジレンマ(そもそも「本物」ですら存在するかどうか疑わしいのに!)」(二二二頁)があるとも述べている。

(6) 韓前掲書、一六七頁。

りの表象として自主的に着用したことが雄弁に語りだされるのである。

しかし、固定されたかに見えるエスニシティは常に揺らぎを経験している。インタヴューでは、女性たちが寄り道をするときには目立たないように、チマ・チョゴリからブレザーに着替えたことが語られる。また、民族的な自覚よりも、流行を意識する女学生としての自意識から、プリーツの幅を直して可愛く着こなすような努力がなされていたことも明らかになる。これらのことは、チマ・チョゴリ制服に象徴されるエスニシティが、状況に応じて表現されたりされなかったりするパフォーマンスであることを示している。

柔軟な**エスニック・アイデンティティ**の形成過程は、近年の**グローバリゼーション**を背景に、人々が二つ以上の国にまたがって生活するトランスナショナルな状況のなかで、より促進されているという。こうした複数の国にまたがる現象を検討するためには、**マルチサイテッド／グローバル・エスノグラフィー**(7)が重要な方法になってくる。その一例として、**額賀美紗子**の『越境する日本人家族と教育』(二〇一三年)(8)をとりあげよう。額賀は、グローバリゼーションの影響下で柔軟な日本人アイデンティティと「グローバル型能力」を獲得する子どもたちが育っている可能性を検討するため、ロサンゼルスの日本人集住地域をフィールドとして選定した。母親と子どもたちへのインタヴューや、日本人コミュニティ内の補習校や塾、現地の小学校での参与観察を通じて、日本人家族がローカル社会とも日本社会とも、同時に関係性を紡いでいるこ

(7)「マルチサイテッド・エスノグラフィー」の項も参照。

(8) 額賀美紗子『越境する日本人家族と教育――「グローバル型能力」育成の葛藤』勁草書房、二〇一三年。

とが明らかにされる。額賀が長期間の調査を行なったのはロサンゼルスであるが、送り出しに重要な役割を果たす日本の教育機関でインタヴューをしたり、日本に帰国した家族の追跡調査も行なっている。調査者自身が国境をまたいで調査を行なうことによって、家族が埋め込まれたトランスナショナルな空間の構造が鮮やかに描き出される。

こうした空間では、日本とアメリカの文化が行き交い、「日本人」の境界が常に揺らいでいる。子どもたちは複合的なアイデンティティへの希求を語りだす。

筆者　アメリカ人になりたいと思う?
彩子　私は mixture（混ざった状態）でいたいです。私の親戚や家族はみんな日本人だから。それに日本語と英語の両方をしゃべりたいと思います。(9)

額賀は、子どもたちが日本語を話したり、日本の雑誌や食べ物や遊びを共有したりすることで、排他的な日本人集団をつくっていることに気づく。しかし、参与観察を続けると、また別の場面では、同じ子どもたちが日本の子ども文化をさまざまな背景の子どもたちと共有することで友人関係を日本人集団の外に広げ、アメリカ社会に適応していることに目が留まる。人種やエスニシティの境界を越える、このような子どもたちの柔軟な活動を参与観察するため、額賀は現地の学校では英語と日本語を状況

(9) 額賀前掲書、一〇三頁。

や相手によって切り替えたり、「日本人らしい」と母親たちから形容される「謙虚で空気を読む態度」を、日本人の前では意識的に出すように心がけた。柔軟なエスニック・アイデンティティを検討するためには、調査者自身が柔軟に人種やエスニシティの境界線をまたぎ、複数の文化や集団に参与することが必要となる。

マイノリティのエンパワーメント――関係性を組み換える

人種やエスニシティをテーマとする近年のエスノグラフィーのなかには、人種・エスニシティがつくられる場面を描写するだけではなく、**アクション・リサーチ**を通じて調査者がその場に積極的に介入し、マイノリティのエンパワーメントを支援するという動きもみられる。

近年の日本社会の状況を考えてみよう。ここ三〇年の間に海外から来日し、定住する外国人（**ニューカマー**）は増加の一途をたどっている。彼ら彼女らは、日本語や日本の文化的知識が不足するために日本社会のなかでさまざまな困難を経験しているが、そうした問題が最も顕著に現われる場のひとつが、**学校**である。**清水睦美**の『ニューカマーの子どもたち』（二〇〇六年）[10]は、インドシナ系の生徒が多数在籍する小中学校における参与観察をもとに、教師のニューカマー生徒に対するまなざしや、生徒たちが日本での生活を意味づけていく過程を描き出している。

画期的なのは、清水が調査の途中からアクション・リサーチ[11]を取り入れ、教師たち

(10)　清水睦美『ニューカマーの子どもたち――学校と家族の日常生活の間で』勁草書房、二〇〇六年。

(11)　「アクション・リサーチ」の項を参照。

との対話を繰り返すなかで、現場の実践を変えていこうと試みている点である。そのひとつに、教師と協働しながら「選択国際」の授業を立ち上げたことがある。この授業は、ニューカマー生徒のエスニシティを積極的に取り上げるものとして計画されたが、こうした意図は、日本社会でエスニシティを否定されてきたニューカマー生徒たちによって、すんなりと受け容れられたわけではなかった。抵抗感を示す生徒たちに対して、清水は次のような行動をとった。

筆者は「研究者」として把握してきたS中学校における新たなコンテキストの生成に基づいた「選択国際」の授業の意味を、中学生に分かるレベルに翻訳して説明をした。その後、似たような働きかけが篠田先生からもなされたそうである。(12)

清水は参与観察を通じて得た知識を現場の教師や生徒に伝え、彼ら彼女らとの対話を続けていった。研究者によるこのような現場へのコミットメントや、教師・生徒たちとの対話は、「日本人」「外国人」の語られ方や関係性を変容させ、ニューカマーのエスニシティと権利が保障される可能性を日本社会のなかに拓いている。

残された課題——境界線の引き方、語り方

人種やエスニシティの境界は、ローカルとグローバルを貫く文脈のなかで形成され、

(12) 清水前掲書、一二三頁。

階層、ジェンダー、セクシュアリティといった他の社会的カテゴリーと折り重なって交渉される。エスノグラファーはこうした多重の文脈とカテゴリーに配慮しながら、人々がいかにして人種とエスニシティの境界線を引きなおすのか、そのときどのように「私たち」と「彼ら彼女ら」を語るのか、語りうるのかという問題意識から、日常世界の相互作用を丁寧に記述する必要があるだろう。

そして、その境界線の引き方、語り方には、エスノグラファー自身が関わっていることに自覚的でなければならない。現場における自分のポジショナリティは、差別や偏見、集団間の分離をいっそう助長することにもなりかねない。[13] そして、アクション・リサーチのように現場に積極的に介入するとき、その活動がたとえば「日本人」というエスニシティの固定化に向かうのか、それとも「mixture」(混ざった状態)のように柔軟なエスニシティを志向するのか、そうした問題を考慮しながらマイノリティのエンパワーメントを目指していくことが求められている。

(13) 額賀前掲書は、自身が日本語を話す日本人であり、女性であり、幼少期に海外で過ごした経験があることが、日本人の母親や子どもとのラポールづくりに役立ったと述べる。その一方で、現地の学校で「日本人」として子どもたちの前に現われ、日本語で会話することによって、日本人境界を強化し、日本人とその他の子どもたちを分断してしまっているのではないかという不安もあった。このため、額賀は「日本人以外の子どもに英語で話しかけたり、休み時間にはあえて日本人の子どもたちから離れて、物陰から子どもたちの仲間集団形成を観察することもした」(三二頁)。エスノグラファーがその場に存在することによって生じる「リアクティヴ効果」(Robert M. Emerson, *Contemporary Field Research*, Long Grove, Illinois: Waveland Press, 2001) を反省的に捉え、さまざまな手段を駆使して人々の行動を多面的に観察することが必要である。

学校

教師と生徒のまなざしを明らかにし、変えていく

校則、時間割、授業、テスト、繰り返されるさまざまな儀礼……。こうした規則や活動によって成立する学校という場は、子どもたちがどのような人間に成長し、将来どのような地位に就くかということに重要な影響を及ぼす。学校を「偉大な平等化装置」とする見方は、子どもたちが学校教育を通じて、生まれた家庭環境とは無関係に能力を開花するチャンスを強調した。しかし、実態はどうだろう。期待とはうらはらに、一九六〇年代に入ると多くの実証研究が、学校はむしろ不平等を再生産する場所であることを指摘しはじめた[1]。

いったい学校のなかでは何が起こっているのだろうか。教師は何をどのように教え、生徒たちは学校生活を通して何を身につけているのだろうか。学校批判を背景としながら生じてきたこのような疑問は、「当たり前」のものとして見過ごされてきた学校の文化や、教師、生徒の日常世界への注目を促すことになった。そして一九八〇年代以降、**学校のエスノグラフィー**が次々に生みだされていく[2]。研究者たちは学校に入りこみ、授業や休み時間、掃除や給食など、さまざまな学校活動の参与観察を行ない、

(1) たとえばコールマン・レポート（一九六六年）は学校教育を通じた貧困者救済政策の失敗を明らかにしている。

(2) この動きは、解釈的アプローチから学校の内部過程を探求する「新しい教育社会学」(new sociology of education)の発展と連動している。従来は機能主義的な見地から生徒たちの学力や進学先だけに焦点が当てられ、学校のなかで何が起こっているかは不問に付されていた。しかし、「新しい教育社会学」はミクロな社会学理論を基盤に、相互作用場面で「どのような知識がどのように伝達されているか」という問題に焦点をあてる。

教師や生徒にインタヴューを実施した。日常的な学校現場で日々起こるやりとりの「厚い記述」(3)をすることによって、学校の多種多様な活動のなかで知らず知らずのうちに教師から子どもたちに伝達される知識や価値観の問題性が明らかにされていったのである。

困難校における教師と生徒のエスノグラフィー

学校のエスノグラフィーはやがて、教師と生徒自身がどのように学校の日常生活を解釈し、それをもとにどのように行動を起こしているかという問題に肉薄していく。とりわけエスノグラフィーの手法は、生徒の学力が低い「困難校」において、なぜ生徒たちが教師に反抗するのか、教師はそうした「問題児」たちをどのように扱っているのかという点を、生徒や教師自身の視点から明らかにできるという点で有用であった。その際に重視されたのは、現場の教師や生徒とラポールを築く方法や、現場における自身のポジショナリティに敏感になりながら、調査者自らも関わる学校の日常世界を自己再帰的に描きだすことである(4)。

そのような**自己再帰的エスノグラフィー**のひとつに、一九八七年に出版されたジェイ・**マクラウド**の『ぼくにだってできるさ』がある(5)。マクラウドはアメリカのある労働者階級地区に位置する貧困世帯向けの公営住宅団地をフィールドとし、一年間にわたって団地に住む一〇代の少年一五人と行動をともにしながらインタヴューを行なっ

(3) コラム「厚い記述」を参照。

(4) 「ポジショナリティ」「自己再帰性」の項を参照。

(5) ジェイ・マクラウド『ぼくにだってできるさ――アメリカ低収入地区の社会不平等の再生産』南保輔訳、北大路書店、二〇〇七年。マクラウドの著作は、イギリスの労働者階級の少年たちを主題としたポール・**ウィリス**の名著『ハマータウンの野郎ども』(一九九六年)の理論的視点を引き継ぐものである。

た。そこで呈示されるのは、学校での成功がよい将来につながると信じて学業にいそしむ黒人少年の集団「ブラザーズ」と、彼らを鼻であしらい、業績主義に徹底した抵抗をみせて高校を中退していく白人少年の集団「ホールウェイハンガーズ」の対比である。マクラウドは、貧困と犯罪が蔓延し、階級と人種をめぐる対立が繰り広げられる少年たちの日常に寄り添うなかで、彼らの生き生きとした語りの背後にあるロジックを思慮深く考察する。そして、アメリカ社会の業績主義イデオロギーがまやかしにすぎないことを糾弾するのである。

それにしても、白人で当時大学生だったマクラウドが、「落ちこぼれ」少年たちの視点に肉薄し、彼らから豊かな語りを引き出すことに成功できたのはなぜだろう。三〇ページにわたるこの本の付録で、マクラウドは自己再帰的にフィールドワークを振り返り、少年たちとラポールを築いた苦難の道程を綴っている。

マクラウドがそもそも少年たちにアクセスできたのは、実際の調査を行なう三年前から調査地で子どもにかかわるボランティア活動を行なっていたことと関係する。その間に彼は自分が「典型的な大学生とは異なっている」ことをさまざまな方法でアピールし、少年たちに受け容れられる素地をつくりあげた。

〔私の〕話し方は荒っぽくなり、卑わいな言葉をはさむようになった。歩くときは、やや肩をいからせてゆっくり足をひきずって歩いた。これらの変化は少なくとも意識のレベルでは、単なる見せかけではなく、ホールウェイハンガーズとの関係の深まりを自然に反映したものだった[6]。

マクラウドは、その後もさまざまな人間関係上の問題にとりくむことになる。敵対するブラザーズとホールウェイハンガーズの両方と親しくすることで生じる緊張関係。アルコールやドラッグ、銃、人種差別や性差別が横行するサブカルチャーへの誘惑と抵抗感。そしていつ、どのように調査の目的を少年たちに伝えるかという迷いや、協力してくれる少年たちに何も直接的な見返りを与えられないという自責の念。その記述からは、人種や階級の壁を乗り越え、「コミュニティのメンバー」として現場に溶け込もうと試行錯誤する過程が浮かび上がってくる。

他方、生徒ではなく、教師の生活世界に焦点を当て、その内部の多声性に配慮した**自己再帰的エスノグラフィー**もある。**古賀正義**の『〈教えること〉のエスノグラフィー』（二〇〇一年）[7]は、日本の「教育困難校」において教師たちがどのようにして「教える」という行為を達成しているかを、さまざまな教師の視点から明らかにしている。古賀は次のように述べる。調査者というのは「現場に関与しない「傍観者」となることはできず、状況に参加して生活者すなわち被調査者との「対話者」にならねばならない」[8]。エスノグラフィーによって調査者が表象する学校の日常世界は、多様な「声」の重なりによって構築される「物語」である。そこには当然、調査者自身の

（6）マクラウド前掲書、二五〇頁。

（7）古賀正義『〈教えること〉のエスノグラフィー――「教育困難校」の構築過程』金子書房、二〇〇一年。

（8）古賀前掲書、六一頁。

「声」も含まれる。このように考える古賀は、自分自身が「対話者」として学校の日常の一部になることを試みた。彼は「困難校」での一〇カ月におよぶ調査のうち六カ月間は非常勤の教師として働き、自身が生徒や同僚教師と関わりを持った経験を自己再帰的に記述・分析したのである。

その「物語」では、「困難校」の授業が常に教師と生徒の緊張関係を孕んでいることが鮮やかに描き出されている。机につっぷして寝る生徒、「つまんねえのー」と騒ぎだす生徒、ふらふらと教室を歩き回る生徒、性的なからかいの言葉を教師に投げつける生徒など、授業を崩壊に導く火種はあらゆるところに落ちている。教壇に立った古賀は、授業という営みを成り立たせ、生徒たちをコントロールするためにさまざまな戦略を編み出さなくてはいけないことを、着任早々思い知らされた。そしていろいろな方法を試してみる。たとえば、社会科の授業では青年の生きがいについて考えてもらうため、フォークソングを生徒たちに聞かせてみた。しかし、期待に反して生徒たちは「授業らしくない」と不満を漏らして反発したのである。古賀は自らの失敗を同僚教師に相談するなかで、授業を成立させる「コツ」があるという語りを教師たちから引き出していった。それらは教師たちが普段、半ば無意識に行なっている教育実践の営みである。

教師Ａ：とにかくあそこは「騒ぐ連中」をうまくおだてててのせてやらないとだめだ

ね。

教師B：やっぱり、静かにさせるには（見えない）「ボス」をおさえよだよ。[9]

このように古賀は自身が教壇に立って葛藤し、悩みをほかの教師と共有するなかで、教師たちが授業を成り立たせ、教師としての権威とアイデンティティを維持するために、さまざまな方法を編み出していることに気づいてゆく。自らが教師や生徒と対話する者として現場に入り込むことで、「困難校」における教師たちのまなざしに接近し、「無気力な授業」がつくられる過程を明らかにしたのである。

学校文化への変革的アプローチ

近年は、研究者が教師と協働して学校という場で起きる問題にとりくむ**アクション・リサーチ**が、積極的に推進されるようになった。その背景には、学校調査がいったい誰のために、何のためにあるのかという根本的な問題を、研究者自身や、調査対象者に位置づけられてきた教師たち自身が考え始めたことが挙げられる。特に、さまざまな問題を抱える「困難校」において、アクション・リサーチの必要性は高くなっている。[10]

このようなアクション・リサーチの試みとして、**酒井朗**編著の『進学支援の教育臨床社会学』（二〇〇七年）を取り上げよう。[11] 偏差値が低く、多くの生徒が進路未定の

（9） 古賀前掲書、一四九頁。

（10） 日本でアクション・リサーチをいち早く取り入れて学校改革の先駆者となったのは、**佐藤学**である。『授業を変える 学校が変わる』（小学館、二〇〇〇年）のなかで、佐藤は校内研修や公開研究会、保護者の学習参加などに研究者である自身が関わることを通じて、「教師の同僚性」と「活動的で協同的で反省的な学び」を主軸とする「学びの共同体」が創造されていったことを、さまざまな学校の事例を挙げて説明している。

（11） 酒井朗編著『進学支援の教育臨床社会学――商業高校におけるアクションリサーチ』勁草書房、二〇〇七年。

まま卒業していく商業高校の教員から進学支援活動の要請を受けた酒井は、周りの大学生・大学院生に声をかけ、支援を兼ねた調査を学校で展開していった。具体的には、進路選択について一緒に考えるカウンセリング、大学入試の小論文や面接対策、個別学習指導など、多岐にわたる支援活動を行ない、その過程における生徒とのやりとりを記述し、生徒や教師の声をその都度聞き出していく。

酒井らが示すのは、「進路の物語」の背後にある生徒たちのロジックを分析し、その意識を尊重しながら彼ら彼女らを「望ましい」方向に導いていくアクション・リサーチのあり方である。継続的なインタヴューからは、生徒たちが支援者らの働きかけによって、「進路の物語」をつくりかえていく過程が分析されている。「進路どうしようか？　大学がいいんじゃない？」と、支援者たちが問いかけ、具体的な目標を示し、生徒と一緒に考える。その作業を通じて、調査者たちは生徒たちが堅実な進路を形成することを支援する。結果として、高校の大学進学実績は確実に上がり、自己推薦入試やAO入試などを利用して難関大学に合格する生徒を輩出するようになった。その変化は、「うちからは大学進学は無理」というあきらめの気持を教師と生徒たちから払拭し、教師が生徒の学習や進路形成に積極的に関わる学校文化の形成を促していった。進路形成を支援するアクション・リサーチが、教師や生徒のエンパワーメントに繋がることがここには示されている。

残された課題——二項対立を乗り越える

エスノグラフィーの手法は、学校の日常世界が教師と生徒、そして研究者の間の相互作用によって絶えず構築されていることを明らかにした。しかし、教師や生徒たちの主体性や意味世界への注目は、しばしばそうした学校の小さな世界のなかで生じる事象が政治や経済などの社会構造とどのように結びついているかを不問に付している。学校という場で展開する日々のやりとりのなかで不平等な構造が再生産されたり、変容したりする過程を分析し、学校の社会的役割を教師や生徒の視点から捉えることがひきつづき課題とされる。

また、研究者と教師の溝を現場で埋めていく作業も欠かせない。特に協働が必要となるアクション・リサーチでは、研究者の権力性を減らし、両者を対等な関係へと変容させていくことが求められる。そのひとつの方法として、研究者と現場の教師が研究成果を共著で出版するという試みもみられる(12)。さまざまな協働のあり方を、教師と研究者がともに考えていかねばならないだろう。

(12) たとえば、佐藤雅彰・佐藤学編著『公立中学校の挑戦——授業を変える学校が変わる』(ぎょうせい、二〇〇三年)や、志水宏吉・徳田耕造編著『よみがえれ公立中学——尼崎市立「南」中学校のエスノグラフィー』(有信堂高文社、一九九一年)などを参照。

医療・看護

組織社会学者のダニエル・チャンブリスによれば、病院という世界を特徴づけているのは、「不幸のルーチン化」である。[1]病院においては、私たちの日常においては稀なものとして経験される苦しみや死が、日常的な出来事として繰り返し起こる。にもかかわらず、組織としての病院は、こうした苦しみや死を次々と処理しなければならず、そこで働く医療者はこうした「不幸」に慣れていかなければならない。では病院において、こうした独特の秩序はどのように形成され、維持されているのだろうか。

医療・看護の現場に潜り込んだ多くのエスノグラファーが関心を寄せてきたのは、まさにこの問いであった。たとえば、グレイザーとストラウスは、一九六〇年代のカリフォルニア州の六つの病院での詳細なフィールドワークをもとに、病名や予後をめぐる医療者と患者との駆引きを詳細に記述している。[2]彼らが明らかにしたのは、医療者が情報をコントロールすることによって、病院のなかで秩序が維持されていく過程である。また、ほぼ同じ時期にサドナウは、二つの性格の異なる病院で、死にゆく人や遺体に対する医療者の振舞いを詳細に観察し、病院スタッフによって死が組織的に

(1) ダニエル・F・チャンブリス『ケアの向こう側』浅野祐子訳、日本看護協会出版会、二〇〇二年。

(2) バーニー・G・グレイザー、アンセルム・L・ストラウス『死のアウェアネス理論と看護』木下康仁訳、医学書院、一九八八年。

処理されていくプロセスを明らかにしている。[3] そこにはたとえば、看護師がすでに死亡した患者を移動させるときに、それが死体であることを周囲に悟られないよう、死体に話しかけながら移動するといった行為が含まれている。

エスノグラファーは、それまで専門家に閉じられていた医療の世界に「よそ者」として入り込み、苦しみや死によってもたらされるカオスや混乱がどのように処理されていくのかを綿密に記述していった。それは社会に大きなインパクトを与え、結果としてその後の医療現場の変革をも促したのである。

(3) デヴィッド・サドナウ『病院でつくられる死』岩田啓靖・志村哲郎・山田富秋訳、せりか書房、一九九二年。

自分自身を描く

しかしその一方で、古典的なエスノグラフィーは、患者・家族や医療者自身が「苦しみや死」をどのように経験しているのか、という点にはあまり注意を払ってこなかった。たとえば、グレイザーとストラウスは、ある患者の「苦しみ」(anguish)を主題としたエスノグラフィーも書いているが、そこでは相互作用や死の軌跡が淡々と描かれる一方で、患者自身の「苦しみ」の中身はほとんど記述されていない。[4]

その一つの原因は、エスノグラファー自身が「苦しみや死」そのものからは距離をとり、あくまでも中立的な立場から出来事を記述しようとしていた点にある。エスノグラファーは医療現場にはコミットしない「**非参与観察者**」であり、可能な限り観察が医療者の行動に影響を与えないよう配慮することは、こうした調査の大前提であっ

(4) Anselm L. Strauss and Barney G. Glaser, *Anguish*, Mill Valley, California: The Sociology Press, 1970. この点については、大村英昭編『臨床社会学を学ぶ人のために』(世界思想社、二〇〇〇年) 第二章も参照。

た。それは結果として、当事者のリアリティからはほど遠い、「冷たい」記述を生み出すことになったのである。

　これに対して近年では、**オートエスノグラフィー**を用いて、エスノグラファー自身の病気やケアの経験を記述することで、当事者のリアリティに迫ろうとする試みが現われている。[5] ここではその一つの例として、心臓発作と睾丸がんという二つの病気を経験した医療社会学者**アーサー・フランク**による『からだの知恵に聴く』（一九九六年）[6] を取り上げてみたい。フランクはここで、自らの**病いの経験**を丁寧に記述しつつ、それに反省的な考察を加えている。

　フランクの記述の出発点をなすのは、「**疾患（disease）と病い（illness）**」という二つの視点の区別である。前者は、生物医学的な視点から分類された病気であり、後者は当事者によって生きられた経験としての病気である。フランクによれば、現代医療においては、後者の視点が忘れ去られ、それが患者に深刻な「生きにくさ」をもたらしているという。彼はそれを「**からだの植民地化**」と呼び、以下のような例を挙げている。

> 化学療法を受けていたときのことである。看護婦が〔…〕、私のことを「五三号室（私の病室）の精上皮腫《セミノーマ》」と呼んだのである。〔…〕病名が私の名前を完全に締め出していた。病院は私の新しいアイデンティティをつくったのだ。私は「病気」にな

（5）グレイザーとストラウスの研究の批判的継承として、研究者自身の看取り体験を分析・記述する試みもなされている。概要については、中川輝彦・黒田浩一郎編『よくわかる医療社会学』（ミネルヴァ書房、二〇一〇年）の「死の認識」の項目を参照。

（6）アーサー・W・フランク『からだの知恵に聴く』井上哲彰訳、日本教文社、一九九六年。

り、検査の受身的な対象となった。そしてしばらくすると治療の対象となった。(7)

フランクの挙げるエピソードは、どれも細かな具体性にこだわって描かれている。「体験をリアルなものにするのは、その細部である」からだ。フランクを気遣って「がん」という言葉をあえて使わずに話を続ける看護師。懸命に陽気で健康的なイメージを保とうとするがん患者。「あえてそっとしておいた」という言い訳で、病人である自分には近づいてこない親戚や知人。これらのエピソードは、すべて病人であること、そのこと自体がまさに社会からの疎外をもたらすことをよく示している。

フランクは自らの体験を分析的に振り返ることで、こうした現状を批判するとともに、未だ口をつぐんでいる当事者が語りだすためのきっかけを作りだそうとしたのである。(8)それは、人々が社会に向かって生きられた経験としての「病い」を語ることによって、「**からだの脱植民化**」を目指す試みであった。

対話的なアプローチ

病いの体験やケアのリアリティに迫るためのもう一つの方法は、研究者が現場に深くコミットし、研究対象者と継続的に対話的なインタヴューを行なうことである。その代表的な手法としては、**アクティヴ・インタヴュー**や**ライフストーリー**がある。(9)ここでは、そのもっとも成功した一つの例として、看護師の**西村ユミ**による『語りかけ

(7) フランク前掲書、七四―七五頁。

(8) フランクはこの作品を出発点として、この後、さまざまな病いの語りをどのように私たちは聴き、解釈するべきか、という問いの探求に向かう。アーサー・W・フランク『傷ついた物語の語り手』(鈴木智之訳、ゆみる出版、二〇〇二年)を参照。

(9) 医療・看護領域におけるライフストーリーの具体的な研究事例として、桜井厚・山田富秋・藤井恭編『過去を忘れない』(せりか書房、二〇〇八年)第三章、第四章、第七章を参照。

る身体』（二〇〇一年）を挙げておきたい。西村は、現象学者メルロ＝ポンティの身体論に触発されつつ、対話的なインタヴューを繰り返すことで、患者と看護師との身体を介した豊かな「交流」を描き出している(10)。

西村の関心は、通常は意思を表明できないと考えられている植物状態の患者と看護師との間に何らかの「やりとり」が成り立っている状況をどのように記述するか、というものである。そこで彼女はまず、六カ月間にわたる生理学的研究と参与観察を行ない、「客観的な」手法で看護師と植物状態の患者とのコミュニケーションを描き出そうとする。しかしこれらの試みはことごとく失敗し、最終的に西村は、ある看護師に対して一年間にわたる継続的なインタヴューを行なう。それによってようやく彼女は以下のような看護師と患者（スーさん）との「やりとり」を描き出すことに成功する。

「わーすごいスーさん、ひとりで座ってるやん」って言って。スーさんひゅって首動かして、キョロって見るんですよ。で、「スーさん、こっから声聞こえるか、座ってるんだよ、声聞こえる人目パッチンして」って言ったら、パチンってやって、「おーすごいすごい、ほんなら二回目パチンして、声聞こえたら、二回目パチンして」って言ったら、二回目パチン、パチンってやって、「あーほんとすごい」っていうのはあった(11)。

(10) 西村ユミ『語りかける身体』ゆみる出版、二〇〇一年。西村自身は、自らの方法を「現象学的アプローチ」と呼んでいる。質的研究における現象学的アプローチについては、マックス・ヴァン＝マーネン『生きられた経験の探求』（村井尚子訳、ゆみる出版、二〇一一年）を参照。

(11) 西村前掲書、七八―七九頁。

西村は自身の方法を「**実践と対話**」によって特徴づけている。具体的にいえば、研究者である西村が研究対象者の看護師と同じ現場でともに「実践」に参与しつつ、繰り返し彼女との「対話」を続けていくというアプローチがそれである。同じ現場に看護師として参与することで、インタヴュー空間は一方的な情報伝達ではなく、むしろ互いの経験を確かめ合う場となる。そこで西村はアクティヴな聴き手として、「私の内にごく自然に湧き上がってくる言葉」をその都度相手に投げ返していく。彼女はこのインタヴュー過程を振り返って、次のように述べる。

〔…〕私がここで行ったことは単に聴くというのではなく、対話をすることであった〔…〕。それはひとりで語ることとは意味が違う。つまり発せられた言葉は、その相手との関係の内に呼び覚まされた言葉であり経験なのである。このようなインタヴューにおいて、自分の語ったことなのか、相手の語ったことだったのか、その区別さえつかないほどに引き込まれ夢中になったそのときに、対話といえる経験が生成されることになる。［12］

植物状態にあるがゆえに、通常の言語的コミュニケーションは難しい。しかしその一方で、患者と看護師との間には確かに交流が成立しているという「事実」がある。それは「視線がピッと絡む」ことや、「声かけに対してキュイと手に力がこめられる」

(12) 西村前掲書、二一五頁。

ことのように、微細で捉えにくい相互行為のなかにしか存在していない。この意味で、『語りかける身体』は、言語化しにくい現象や経験を可能な限り言語化していくという、エスノグラフィー本来の「強み」を生かした記述に満ちている。

残された課題——エスノグラフィーは現場の「役に立つ」のか

以上みてきたように、医療・看護の領域において、エスノグラフィーには、病いの体験やケアのリアリティに迫る手法としての豊かな可能性がある。しかしその一方で、医療・看護の研究において、実際にエスノグラフィーが研究手法として採用されることは稀である。その理由の一つに、記述そのものをアウトプットとするエスノグラフィーの成果は、どのように現場の「役に立つ」のかわかりにくい、という点がある。[13]

この点に関連して、精神科看護の優れたエスノグラフィーを執筆した浮ヶ谷幸代が、いま改めてエスノグラフィーの現場への「貢献」が問われている、と指摘している点は興味深い。[14] エスノグラフィーの持つ権力性や政治性が批判されるようになって以降、エスノグラファーの現場への「貢献」の可能性はむしろネガティヴに語られることが多かった。しかし医療の分野を中心に、むしろ近年では改めて現場への「貢献」の可能性が盛んに語られるようになっているという。[15]

その一つの具体例として、浮ヶ谷は、研究報告書の草稿をフィールドの病棟スタッフに確認してもらう過程が、以下のような予想外の「貢献」を生み出したというエピ

(13) 逆にいえば、グラウンデッド・セオリー・アプローチのように、理論やモデル生成を目的とする研究手法の方が研究成果の応用可能性は見えやすく、医療現場では受け容れやすい。

(14) 浮ヶ谷幸代『ケアと共同性の人類学』(生活書院、二〇〇九年)「おわりに」を参照。

(15) とりわけ直接的な「貢献」を目指す場合には、アクション・リサーチが有用である。この点については、クリスティ・キーファー『文化と看護のアクションリサーチ』(木下康仁訳、医学書院、二〇一〇年)第一一章を参照。

ソードを挙げている。

〔…〕読み手の反応は、私が書いたものが看護師たちに、「気づき」や「振り返り」、「励み」をもたらしたというものであった。私が書いたものとは、看護師たちにとって「あたりまえ」となっている意識的、無意識的な看護実践を拾いあげて、分析し、解釈したものである。彼（女）らが私に求めたのは、日常に埋没して気づかない「あたりまえ」となっている看護実践を外部者の目から指摘することであった。[16]

しかもこの「貢献」は、最終的には一方的なものではなく、互酬的なものへと変化したという。というのも、その後看護師たちは、退院患者へのインタヴューを通じて、自らが働く病棟詰所の役割を、自ら明らかにするという試みを開始し、それが今度は浮ヶ谷に新たな「気づき」や「励み」をもたらしたからである。

もちろん、浮ヶ谷も指摘するように「貢献」と「迷惑」は表裏一体であり、安易な形での貢献を試みることは、むしろ「有難迷惑」になりかねない。しかしだからといって、エスノグラフィーは医療現場にとって「何の役にも立たない」ものなのだろうか。この点で、研究を行なう側は医療・看護の現場に対するエスノグラフィーの多様な「貢献」の可能性を改めて考える時期にきている。それはおそらく、エスノグラフィーを書くこと自体の社会的な意義を問い直すことにもつながるのではないだろうか。

（16）浮ヶ谷前掲書、三六八頁。

障害

経験される世界に接近する

一九七〇年代の**障害者運動**の高まりを受けて、障害[1]に対する考え方は大きな転換点を迎えた。障害を個人の属性としての機能的な不全とし、支援やケアは障害者をできるかぎり「普通（健常）」に近づけるためのものとされていた**医療モデル**的な障害観にかわり、**社会モデル**が障害学という学問分野のなかで確立されていったのである。社会モデルとは、特定の機能障害（**インペアメント**）を持つ人々が、社会環境や生活環境における差別や排除の構造によって、どのように障害（**ディスアビリティ**）を持たされる存在にされていくのかを問題化する視点である。すなわち、障害を個人の不全と見る見方から、社会によって「つくられている」ものと見る見方への転換が起こったのである。こうした潮流が生まれたことで、障害をテーマとして扱う社会科学的な研究においても、それをより大局的な文脈のなかに位置づけて社会通念や制度などによってどのように形成されているのかを描くエスノグラフィーが生まれた。[2]

障害者となる研究者

（1）「障害」の表記については、七四頁の注（1）を参照。

（2）たとえば、Karen Nakamura, *Deaf in Japan: Signing and the Politics of Identity*, Ithaca and London: Cornell University Press. 2006 は日本のろうコミュニティにおいてフィールドワークを行ない、異なる時代に生まれ育ったろう者がそれぞれどのような環境で育ち、教育を受け、生活を営んできたかを描き出した。インペアメントが社会のなかでどのような形でディスアビリティとなり、当人の生活やアイデンティティと関わってくるのかを論じている。

このような社会モデルに基づく障害研究を追求していく流れのなかで注目されるようになったのは、研究者自身が中途障害者となったのちに自身の経験について著したエスノグラフィーや、障害者が自身の経験を「研究」という観点で記述したエスノグラフィーである。これらは従来のような、調査者（健常者）が対象者（障害者）を研究して記述するという構図を解体するものであり、それまで看過されてきた障害者自身の生活世界、経験世界を豊かに描き出すエスノグラフィーが生まれてきている。

たとえば、**ロバート・F・マーフィ**『ボディ・サイレント――病いと障害の人類学』（一九九二年）[3]は文化人類学者である著者が進行性の神経系の病いを患い、少しずつ低下していく身体の機能と折り合いをつけながら大学での教職を続けていく日常を描いている。車椅子を使用するようになったことで周囲の態度がどのように変化したかなど、文化人類学者らしい観察眼をもって書かれたエピソードが多く盛り込まれた**オートエスノグラフィー**である。と同時に、障害というフィールドの内側に立って、その経験を社会科学的な理論を用いて分析していくとともに、「障害者」というカテゴリーに関する既成概念を批判的に問い直していくという点で、ネイティヴ・エスノグラフィーとも通じるものがある。

（3）ロバート・F・マーフィー『ボディ・サイレント――病いと障害の人類学』辻信一訳、新宿書房、一九九二年。

ある時私は、家に閉じこもりっ放しの老婦人に、歩行器を使って外へ出ることを勧めてみたことがある。「まさか」と彼女は答えた。

「恥ずかしくてそんなところを人にみせられません」

「だけど関節炎は、何もあなたのせいじゃありませんよ」と私は主張した。そして、私も歩行器を使っているがちっとも恥ずかしくない、とつけ加えた。恥ずかしくないというのはもちろん嘘だと、私は知っていたのだが。それにしても、一体なぜ自分の身体障害を恥辱だと感じねばならないのだろう。そしてもっと不思議なのは、なぜ罪の意識まで感じねばならないか、だ。(4)

(4) マーフィ前掲書、一六五―一六六頁。

マーフィにとって、歩行器を使って歩くことに恥や罪の意識を持つということは、障害を持って初めてわかったことだった。彼は当事者となって初めて気づいたこうした素朴な感情に意識的に注意を向け、社会学者のジョージ・H・ミードの研究やジークムント・フロイトの精神分析などを参照しつつ、どのようにして障害に恥と罪の意識が付与されるのかについて論じている。この事例以外にも、障害を持ったことによって、それまで大学の教員という社会的地位から当然のように得られていた敬意が得難くなるような経験をするといった、当事者ならではの視点からのエピソードが多くちりばめられている。

研究者となる障害者

マーフィはもともと研究を職業としていて中途障害者となったことから先述のエス

ノグラフィーを著したが、学術研究というバックグラウンドを持たない障害者が自らの経験を研究という観点でまとめたものもある。綾屋《あやや》紗月《さつき》・熊谷晋一郎『発達障害当事者研究』[5]は、著者の一人である綾屋が**発達障害**[6]を持つ**当事者**であり、身体感覚や他者とのコミュニケーションにおける感じ方など、特有と思われる自身の経験的世界を研究対象として言語化している。この試みは、医療や教育などの専門家によって書かれた発達障害に関する記述とはまったく異なる切り口から、新しい障害理解の可能性を示唆している。障害のなかでも発達障害は特に、自分の言葉で経験を語ることが難しい子どもを対象とした調査や支援が主眼であるため、当事者の声よりも医療や療育に関わる専門家が発信する情報が圧倒的多数を占めている。こうした状況においてこの本のような当事者による経験の記述が大きな意義を持つことは言うまでもない。

たとえば、発達障害者によく見られる症状として、専門用語で「感覚過敏」といわれているものがある。これに関する学術的な研究は多くあるものの、本人がこれをどのように経験しているかについてはあまり知られてこなかった。綾屋はこの「感覚過敏」の経験をこの本の冒頭で以下のように記述している。

> 体中がどくっどくっと脈打っている。頭髪の生えている部分がかゆい。首筋から肩にかけて重い。胃が動かずに固まっている。左下腹部に空気が溜まっている。足の指先が痛い……。

（5）綾屋紗月・熊谷晋一郎『発達障害当事者研究——ゆっくりていねいにつながりたい』医学書院、二〇〇八年、一三頁。

（6）発達障害とは、学習障害や注意欠陥多動性障害、高機能自閉症などに代表される先天的な脳機能障害を指す。

私の体は、つねに細かくて大量の身体の感覚を私に届けつづけている。その情報量の多さに私は圧倒されわずらわしく思いながらも、身体の訴えを一つひとつ聞き、その原因を探り、対処していく作業に追われている。(7)

一読すると大変に体調の悪い状態のように思われるが、綾屋は日常の生活のなかで常にこのような身体感覚と向き合いながら生きてきたという。想像を絶するような苦しい感覚のオーバーフローのなかで、彼女は周囲の人々と自分がどのように違うのか、なぜ違うのか、ということを問い続けてきた。その「長年の問いに対し、「当事者研究」(8)という時代の波が、私に千載一遇のチャンスを与えてくれた」とある。彼女が自身の身体感覚を言語化し、周囲の環境とどのように折合いをつけているのか、他者とどのような方法で関わりながら生きてきたのかを描いたこの書は、発達障害を知るための重要な手がかりとなっている。

このような一連の研究は、以前は健常者によって対象化され、一方的に表象されていた障害者の生の声にエスノグラフィーという方法で接近するものであり、健常者と障害者、調査するものとされるもの、という二項対立的な立場に内在する権力関係を突き崩していくものでもある。

残された課題――医療行為の現場に立ち返る

(7) 綾屋・熊谷前掲書、一三頁。

(8) 「当事者研究」の項を参照。

これまで見てきたように、一九七〇年代以後の障害を主題とした研究は、医療行為の現場を離れ、広く社会や文化のなかに障害を位置づけていくことで差別の構造を明らかにしたり、当事者の肯定的なアイデンティティ形成やエンパワーメントにつなげたりといった、障害者運動とも連動した成果を出してきた。しかしながら、実際の診断や支援に関わる分野も「障害」の全体像を見ていくためには欠くことのできない存在である。診察室の外に広がる障害者の豊かな生活世界を描き出してきたという点で近年の障害研究は高く評価されているが、医療や支援などの分野でその成果が十分生かされているとは残念ながらまだ言えない。したがって、今後の障害研究は診察室のなかに今一度立ち返り、診断や治療、ケアなどの臨床的実践へもそのまなざしを向けていくことが期待される。近年においては、医療人類学や医療社会学、また関連するSTS（科学技術社会論）などの分野で、医療技術や医療行為に焦点をあてた社会科学的な研究が台頭してきており、多くの成果を生んでいる。(9) こうした分野と連携を強めて研究を行なっていくことで、紹介したような障害研究の成果を医療行為の現場にも還元し、新しい対話を生んでいくことができるのではないだろうか。

(9) 障害に関連する分野では、たとえば脳科学の医用画像技術が精神疾患をどのように可視化しているかを論じた、Joseph Dumit, *Picturing Personhood: Brain Scans and Biomedical Identity*, Princeton, New Jersey: Princeton University Press, 2003 などを参照されたい。

生／ライフ

「生き方」を主題化し表現する

「生／ライフ」とは、「**生命**」「**生活**」「**生涯**」を縫合するような研究視点をあらわすときに、最近よく使われるようになってきた言葉である。それは、身体経験としての「生命」、日常の活動経験としての「生活」、人生という時間経験としての「生涯」といった局面が互いに関連しあうような現象に、包括的にアプローチしていこうとする問題意識が浮上してきたことを意味している。と同時に、そうした対象を、「**生きられた生**」として**当事者視点**のもとに理解していくことが要請されてきたこともあらわしている[1]。

従来のアプローチのように、社会的行為や役割に還元したり、研究者によってあらかじめ定められた集合的カテゴリーで人間や社会をとらえることのリアリティや有効性が薄れ、人間と社会をとらえる視点を組み立てなおしていかなければならないという、さまざまな研究テーマ分野にまたがる問題意識の交差点に「生／ライフ」という領域が胚胎する。

その背景には、「大きな物語」が解体し、グローバル化と個人化に引き裂かれてい

（1）藤村正之『〈生〉の社会学』東京大学出版会、二〇〇八年。

く歴史的社会的状況があろう。すなわち、雇用の流動化や家族の変容、それにともなう人生の枠組みやつながりのあり方の不安定化、生きる意味のゆらぎなど、既存のカテゴリーや枠組ではとらえきれない新たな生のリスクや生きづらさが噴出し、「社会像そのものが、断面の階層構図や関係構図にとどまらず、人々の生涯の束として描き変えられねばならなくなって」[2]きた。そしてそのことによって、個人の「**生き方**」が社会的に主題化されてきたのである[3]。

病いにせよ、障害にせよ、ジェンダーにせよ、セクシュアリティにせよ、エスニシティにせよ、老いにせよ、死にせよ、それ自体を全体的な生から切り離し、対象化して分析するのではなく、むしろそれらを媒介として自らの「生き方」を問いなおしていくという**自己再帰的**な問題意識もそこにあるだろう。

このような問題意識は、近年、大学のゼミや調査実習の授業などでしばしば出くわすようになった学生たちの問題関心や視点のもちかたとも呼応しているように思える。たとえば、同性愛や死別体験を調査テーマに据えるときでも、セクシュアリティや死といった対象それ自体を分析するためというよりも、このようなマイノリティ経験や受苦的経験を背負った他者の「生／ライフ」と出会うことによって、マスタープランなき時代における自らの「生き方」を問いなおし考えたい、という問題関心や視点である。

(2) 中川清『日本都市の生活変動』勁草書房、二〇〇〇年、二三頁。

(3) ギデンズらによって、「ライフ・ポリティクス」(生き方の政治)などといわれるゆえんである。アンソニー・ギデンズ『モダニティと自己アイデンティティ——後期近代における自己と社会』秋吉美都・安藤太郎・筒井淳也訳、ハーベスト社、二〇〇五年、二三七—二六一頁。

生／ライフを主題化する

このような「生／ライフ」の視点に、ハンセン病者のライフストーリーを通してたどりついていった作品が、蘭由岐子《あららぎゆきこ》の『「病いの経験」を聞き取る――ハンセン病者のライフヒストリー』（二〇〇四年）である(4)。

蘭の当初の関心は、ハンセン病療養所のエスノグラフィーを記述することにあった。「実証主義的観点からであれ、なんであれ、フィールドについての情報収集ができるならなんでもござれでいいんだ」という考え方のもと、「恥知らずな折衷主義から出発していた」。だが、何度も療養所に通い、またその歴史を知るにつれ、入所者「個人ひとりひとりの人生の経験」を知らなければ、このフィールドが本当に意味するところはわからないと思うにいたる。たとえば「①大変つらい―②つらい―③どちらかといえばつらい……」といった質問紙調査の標準化されたカテゴリーでもって、療養所内の社会的属性による分類との相互関係を分析しても、「フィールドで耳にするメンバーたちの発話や行為の意味は確定できない」からである。その意味を確定していくためには、「ハンセン病をわずらうという過去から現在への経験」とその「主観的な意味あい」をとらえなければならない。「まるごとの個人」という視点から接近すべく、「ライフストーリーの聞き取り」＝ライフストーリーにたどり着くのである。

では、そのライフヒストリーから、何が見えてくるのだろうか。

たとえば、ハンセン病者を不当に隔離する法律である「らい予防法」の廃止とその

（4） 蘭由岐子『「病いの経験」を聞き取る――ハンセン病者のライフヒストリー』皓星社、二〇〇四年。

違憲国家賠償請求訴訟は、それまで抑圧されていたハンセン病者自身が語りだすことをうながした。しかしその語りは「つねに訴訟の文脈、すなわち、「正義」や「反差別」の文脈のみで聞かれてきたことも確かなこと」であった。それはもっぱら「被害者」という社会的属性（集合的カテゴリー）のみに焦点をあてて聞かれた語りである。

これに対して蘭は、「今後もハンセン病者の語りがこのようにつねに「被害」の側面にのみ焦点をあてて聞き取られるとしたら、彼らの語りを聞くわたしたちは、なにかを見落としていることになるのではないか」と感じ、ハンセン病者ひとりひとりのライフストーリーを丹念に聴きとっていく。そこから、「被害者」（そして「患者」「病人役割」）という集合的カテゴリーを超えた、彼ら彼女らの「生／ライフ」そのものを発見していくのである。

本書に登場し人生を語った病者たちは、もちろん、「被害の物語」を語っていた。人生の来し方を振り返り、その出来事を時系列に並べるだけで、「被害」を聞き取ることは容易であった。しかし、病者を理解したいと始めたライフヒストリーの聞き取りは、他方において、「重圧をかけられたような人生をずーっと生きてきたなかで、シュンとしたままでなくてね、こう胸はって、正々堂々とですね、社会にこういう生き方やってますよ」といえる生き方をしていること、「なにかにつけて、まわりがよかったんかね」と思っていること、「心の中までハンセン病になったら、どうしようもない」と自覚していること、「ハンセン病であっても自分は自分」と自らに新しいカテゴリー付与を行ない、日々の生活を生き生きと主体的に生きてきたこと、等々を紡ぎだした。また、原告となって「正義の闘い」をしているにもかかわらずなぜか感じる「重圧」も語られた。〔…〕つまり、矛盾するような心情や感情、単なる「被害者」像からは引き出しにくい主体的な「生」のありようなどが聞かれたのである。

すなわち、見落とされてしまいがちなのは、それぞれの病者が生きた「生」そのもの、自己を主体的に生きるという人間の根源性なのではなかろうか。(5)

蘭は、この「主体的な生」を聴きとっていくうえで、**アクティヴ・インタヴュー**や**対話的構築主義**のアプローチを意識して用いている。また、「調査者であるわたし」という存在を、このエスノグラフィーのありようから切り離すことができないことも強く自覚している。だが記述としては、ハンセン病者の物語世界を中心に描き、「調査者であるわたし」の存在は、その思いとともに別個に記述するという方針が採られている。

（5）蘭前掲書、三一四―三一五頁。

生／ライフを伝える

他方、「生／ライフ」という主題を、その記述のしかたに織り込んで表現していこうとしている作品もある。

小倉康嗣『高齢化社会と日本人の生き方――岐路に立つ現代中年のライフストーリー』（二〇〇六年）[6]は、調査協力者（語り手）と調査研究者（聴き手＝書き手）の関係形成と対話の積み重ねのなかでライフストーリーが生成されていく瞬間をなまなましく記述し、さらに読者の追体験を意識した記述を行なうことによって、調査協力者（語り手）の生、調査研究者（聴き手＝書き手）の生、読者（読み手）の生のあいだに対話的な関係をとりむすぼうと試みている。それは、生きられた生を、生きられる記述で伝えていこうとする試みである。

もちろんこの本は、**高齢化や老い**（エイジング）の問題を、「高齢者」という特定の人たちの限られた問題としてではなく、現代人（全世代）の「生き方」の問題としてとらえなおそうとしている点、そしてその結果、「生命」のストーリー・「生活」のストーリー・「生涯」のストーリーが交差する地平をつかみ出している点で、まずもってその内容として「生／ライフ」を主題化している。だが、エスノグラフィーとして特徴的なのは、その表現のしかたも「生／ライフ」という主題（調査研究）の一部として組み込んでいることである。

すなわち、「人間の相互的・社会的コミュニケーション過程としての調査研究」という構えを徹頭徹尾つらぬき、調査協力者の経験と調査研究者自身の経験との足かけ七年にわたる出会いと再会のプロセス（縦断的な調査過程）それ自体を、「生／ライ

（6）小倉康嗣『高齢化社会と日本人の生き方――岐路に立つ現代中年のライフストーリー』慶應義塾大学出版会、二〇〇六年。

フ」を生成していく過程として作品に刻み込んでいく。具体的には、「調査協力者の生の経験のなかでの生成」「調査研究者の生の経験のなかでの生成」[7]「調査協力者と調査研究者の相互作用経験のなかでの生成」という三重の**生成のらせん**を記述しながら、「読者の生の経験との相互作用のなかでの生成」という四重めの生成のらせんを企図していく。これらは、調査知見が生成されていく過程・足跡を読者になまなましく呈示していくことによって、読者の生の経験の重ね合わせによる対話をはかっていく**調査表現**の試みである。

以下は、右の「三重の生成のらせん」のうちの「調査協力者と調査研究者の相互作用経験のなかでの生成」を記述した一場面である。[8]

――〔…〕だからたぶん、僕がきいて思ったのは、馬場さんがそういう、こう生かされる……だから「生かされるいのち」か、「実質」って、「底流」って。(B141)

(馬場)そうそうそう。だから「生かされるいのち」があるわけ、私には。(B142)

――「底流」って「生かされるいのち」のことか。(B143)

(馬場)あ、そうかな? そうかな?(――うん) 底流って「生かされるいのち」のこと……そうすると、そうすると「道」の話じゃないけど(――そう!)、そこへいくんだよね(――そう!)。どうしてこれほどまでに私はこれにこだわるのかって思いながらいると、どんどんその話が来ちゃうの。いろんな問題解決しなきゃ

(7) 小倉は、この調査研究の問題設定に至る彼自身の生の経験(カミングアウト・ストーリーと、その経験を下敷きとした論考)を、この本で生成されていくライフストーリーの「影の個人誌」として掲載している。

(8) 小倉前掲書、二二六―二二七頁。調査研究者である小倉(「――」で始まっている語り)と、調査協力者である馬場さん(「(馬場)」で始まっている語り)との対話的なインタヴュー場面の記述である。馬場さん(当時五三歳の女性)が自らの生を意味づける際の重要なキーワードに「底流としての日常」「道」があった。そこに、「生かされるいのち」という新たに出てきた馬場さんの言葉を小倉が注目して投げ入れることで、ライフストーリーが生成されていっている場面である。なお、それぞれの語りのなかに挿入されている「(――)」部分は、インタヴュー中における同時発話的な相手の言明や意味をもったう

ならない解決型の生活が、どんどん来ちゃうわけ（――うん）。（B144）

「生かされている」「生かされているいのち」という馬場さんの言葉が、「底流としての日常」（そしてそこに連なってくる「道」）の内実をあらわす一段掘り下げた言葉として私に響いてくる。

「底流」とは、「解決型の生活」すなわち具体的な生活レベルでの人びととの経験的な営みの場であり、そこには「生かされるいのち」がある。そうするとそれが「道」につながっていく。馬場さんと私はひとしきり対話しながら、「底流＝生かされるいのち→道」という構図を描いていた。

このような記述は、他の「生成のらせん」とあいまって、どのような効果をもたらすのだろうか。小倉はのちに他の論文で、この作品の読者からのつぎのような反応を掲げている。「読者の生の経験との相互作用のなかでの生成」という「四重めの生成のらせん」がうかがえる反応である。

著者のバックグラウンドや三人の協力者の方が語るそれぞれの人生が、私の経験として入って来て、それが社会との関係性の中で、私の中で再度形作られて行くという得難い体験を得る事が出来ました。これをベースに私自身の人生観をまた見つめ

なずき、各語りの文末に付された番号は、のちの章で小倉が解釈・考察する際に参照する便宜をはかるために付けられた通し番号である。

直し、問い直し続けたいと思っています。（五〇代後半の男性）(9)

ここでは読者は、エスノグラフィーから切り離された存在なのではなく、直接かかわりあう存在である。読者の生とのあいだに対話的な関係をとりむすんで読者の参与をうながすことで、読者の経験を組みかえ、その「生／ライフ」を再編していく。それは、エスノグラフィーのきわめて実践的な局面であるといえるだろう。

残された課題――調査表現のパフォーマンスへ

冒頭で述べたように、「生／ライフ」という領域には、既存のカテゴリーを超え出て人間と社会をとらえる視点を再編していこうとする批判的＝創造的なまなざしが息づいている。だが、この批判的＝創造的思考を生成する生きられた「生／ライフ」は、実体的・実証主義的につかもうとすると、その瞬間にするりと逃げ去っていってしまう。読者の実感のおよぶ範囲を押し広げ、その経験を組みかえ、新たな生の生成を感覚させるような、つまり批判的「実践」にまで推し進めていけるような、いわば**パフォーマティヴな調査表現**が要請されてくるのではないだろうか。

それは、**当事者研究**が、「研究」概念とその手法を、当事者によって生きられた「生／ライフ」を等身大で解釈・意味づけできるような表現の更新過程に投げ入れる立ちふるまいとして革新していった（いこうとしている）ように、である。脳性まひ

(9) 小倉康嗣「ライフストーリー研究はどんな知をもたらし、人間と社会にどんな働きかけをするのか――ライフストーリーの知の生成性と調査表現」『日本オーラル・ヒストリー研究』第七号、二〇一一年、一四六頁。

当事者のオートエスノグラファー・**熊谷晋一郎**によるつぎの記述は、そのことを雄弁に語っているように思われる。

「脳性まひ」だとか「障害」という言葉を使った説明は、なんだかわかったような気にさせる力を持っているが、体験としての内実が伝わっているわけではない。もっと、私が体験していることをありありと再現してくれるような、そして読者がそれを読んだときに、うっすらとでも転倒する私を追体験してもらえるような、そんな説明が欲しいのだ。つまり、あなたを道連れに転倒したいのである。(10)

(10) 熊谷晋一郎『リハビリの夜』医学書院、二〇〇九年、二二頁。

社会運動・ボランティア

「参与」しながら観察する

社会運動・ボランティアそのものを主題としたエスノグラフィーはそんなに多くはない。しかし、社会問題を主題とする社会調査の過程においては、社会運動やボランティアの組織や人々とかかわることは多い。なぜならば、社会運動・ボランティアの現場とは、社会問題に実践的に向き合う最前線だからである。

ただしその場合、研究者がまるで透明人間のように純粋に客観的な考察を進めることは難しい。たとえば自分がかかわる社会運動やボランティアの現場の対象者が抱えている仕事や恋愛といった日常的な悩みや困難、さらには生命の危機に瀕しているといった場合、関与することなく冷徹に客観的考察を進めることが社会現象の理解を深めるための最良の手段といえるだろうか。また、現場にかかわるさまざまな人々からは、なぜ、誰のために、どのような目的で現場にかかわろうとするのかが問われる。

このように社会運動やボランティアの現場について考察する者は、調査協力者や彼ら彼女らをとりまく社会現象を観察するとともに、現場でのコミットメントを問われる場面に遭遇する。つまり、現場との対話や人間関係の変化、さらには自分自身の参与が現場に何かしらの影響を与えることを認めざるを得ない。そしてそのような実践的な現場であるからこそ、その主な調査方法である**参与観察**のあり方が問われる。

問われる調査者の立ち位置——在日朝鮮人運動の現場

たとえば、在日コリアン・被差別部落・野宿者といった日本社会の「マイノリティ」を対象とするフィールド調査においては、調査者は、社会運動や支援団体の現場における先輩の研究者・活動家・当事者などから**ポジショナリティ**(1)を問われることを避けられない。その典型的なものとしては、先達たちが権利獲得のために異議申し立てを行なってきた社会運動の取り組みを理解しているのかというものである。

在日コリアン三世である**金泰泳**は、一九九六—九七年度に指導員として在日朝鮮人の子ども会の参与観察を行なっている(2)。そこで金がフィールドワークを通じて見いだしたのは、在日の子どもたちの柔軟なアイデンティティの実践であった。それは、在日の若い世代が時と場合に柔軟に対応して、民族名と日本名を使い分けるというものである。

本名を日本名に変えたということで、彼女が「在日朝鮮人の自覚」を喪失したわけではないのである。日本名の使用という選択、それは彼女にとって、差別社会を生きていく上での一つの便宜的な「戦術」であったとは言えないだろうか。(3)

(1) 「ポジショナリティ」の項を参照。

(2) 金泰泳『アイデンティティ・ポリティクスを超えて——在日朝鮮人のエスニシティ』世界思想社、一九九九年。

(3) 金前掲書、一九〇頁。

このように環境に応じて日本名を使用する在日の女子高生の選択に、金は積極的な意味を見いだしている。しかしこのことに対しては、長年当該地域において教育に携わってきた関係者から批判的な指摘を受ける。彼ら彼女らにとってみれば、こうした実践はこれまでの本名を名乗るという取り組みを否定しているように映るからだ。

このような社会運動の現場における調査者の立ち位置《ポジショナリティ》に対する問いは、現場にかかわる新旧の世代間対立のみを示しているのではない。ここで金は、「民族」といった均質的なアイデンティティ理解に対して、**構築主義**的な観点からその多様性を捉えようとしている(4)。つまり、諸個人の立場に応じた柔軟な解釈を認めるべきだという主張が示されている。このように、ポジショナリティをめぐる現場からの問いは、研究対象・事象の分析の手法のあり方とも結びついたものなのである。

参与する「わたし」も考察する――部落解放運動の現場

社会運動やボランティアの現場においては、日々の出来事や人間関係を通じて悩んだり考えさせられたりすることは多い。その多くは、学問的な観点からはどうでもいいように思えるほど些細なものだ。ただし、フィールドワークにおいて現場での人々との日常的なやりとりの過程そのものを記述することによって、組織が表むきに掲げている活動の理念やイデオロギーといったことではなく、現場内部で生じている微細

(4) 一九九〇年代には、本質主義的な「民族」という概念に対して若い世代の在日コリアンが違和感を示していることが明らかにされている。代表的な研究としては、福岡安則『在日韓国・朝鮮人』（中公新書、一九九三年）がある。

な出来事や雰囲気を明らかにすることができる。**黒坂愛衣・福岡安則**『黒坂愛衣のとちぎ発《部落と人権》のエスノグラフィ』（二〇〇三年）[5]は、大学院の修士課程に在籍している黒坂が、指導教官である福岡との電子メールでのやりとりを記述した三巻本であり、ひとつの**自己再帰的**な、そして**多声的**なエスノグラフィーであるともいえるだろう。黒坂はそのなかで、一年以上のあいだ部落解放同盟栃木県連合会でアルバイトをしながらのフィールドワークの過程で生じた現場での出来事や日々の思いを綴っている。

フィールドワークが一カ月を経過したころ、黒坂のフィールドノートが途絶える。以下の、福岡からの激励メール「subject：伴走するからがんばろう」に対して、「subject：泣き言をいわせて」という返信メールには、参与しつつ観察することの難しさが告白されているとともに、現場のスタッフであり研究者であるという立場の二重性が自己再帰的に分析されている。

始めたころは新鮮に目に映った、県連事務局員たちの人となり、そして県連の仕事。それが、日を追うごとにだんだんと「あたりまえ」になっていく。――ようするに、「外部者」の感覚が薄れるにしたがって、「観察者」の位置を維持するのも難しくなってきたのである。[6]

（5）黒坂愛衣・福岡安則『黒坂愛衣のとちぎ発《部落と人権》のエスノグラフィ――Part1 部落へ飛び込む』創土社、二〇〇三年。

（6）黒坂・福岡前掲書、一二五頁。

この電子メールに対して福岡は、環境にうまく順応して「仕事」＝「参与」と「フィールドノート書き」＝「観察」をスマートに進めることを目指すのではなく、そこに順応できない「弱さ」（vulnerability）[7]を含めてフィールドノートを記述することを奨励する。[8]このような通常の民族誌の記述からは抜け落ちてしまうフィールドワークのデータ＝「目にしたこと、耳にしたことだけでなく、記述者本人の心の動き」をめぐる電子メールでのやりとりは、黒坂が述べるように「客観的な記録」ではなく、「栃木の被差別部落における〝主観的〟な――つまり、そこでの「わたしの経験」の――記録である」。[9]現場における調査者の不完全性をあえて示すことによって、筆者の心の機微を伝えるのみでなく、「あたりまえ」＝現場で生じている日常的な出来事や雰囲気、をより詳細に明らかにしているのである。

仲間になることは可能か――野宿者支援の現場

参与すれば観察できなくなる、観察ばかりしていては現場での参与が疎かになるというふうに、参与観察とは一見矛盾を抱えた言葉のように思える。ただし、深く参与して自分が置かれている立場を明確にしていくことで、見聞きする出来事があると捉え返してみるとどうだろうか。山北輝裕『はじめての参与観察』（二〇一一年）[10]は、研究者のポジショナリティや調査協力者の語りの多声性を重視したエスノグラフィーである。

（7）調査者が対象者に自分の「弱さ」（vulnerability）を開示していく過程で対象者やフィールドへの理解を深めるというアプローチから記述された秀逸なエスノグラフィーとして、レナート・ロサルド『文化と真実』（椎名美智訳、日本エディタースクール出版部、一九九八年）がある。

（8）黒坂・福岡前掲書、二一四―二一七頁。

（9）黒坂・福岡前掲書、四―五頁。

（10）山北輝裕『はじめての参与観察――現場と私をつなぐ社会学』ナカニシヤ出版、二〇一一年。

山北は、名古屋と大阪で六年以上におよぶ野宿者支援の現場のフィールドワークから、「現場の人になろうとする」スタイルの参与観察の方法を試みている。そこで掲げられる問いは、「支援者と野宿者は容易に仲間になれるのでしょうか」[11]というものである。山北は、卒業論文の作成のために名古屋にある野宿者支援のボランティア団体に電話する。「ボランティアに参加したいんですけど」「ええいいですよ、いつこられますか」「(こんなにあっさりと?)あ、月曜日と木曜日に…」「え? そんなに? (毎週来るのですか)」[12]――この一本の電話から始まったボランティアのフィールドワークで山北は、野宿者支援の「支える会」と当事者による「夜回り」を行なっている二つのグループへの参与を深めていき、もういっぽうで調査者としての側面との幾重もの立場が交差していくことを経験する。研究者として野宿者を分析することと、現場での多様な立場の解離、さらにはいずれかの立場を突きつけられるという葛藤を経験する局面において、現場のリアリティへの考察が進められていく。そのような調査者の立ち位置の揺らぎを象徴しているのが、亡くなった野宿者の人々を供養・追悼する「追悼集会・夏祭り」でのエピソードである。「夜回り」の会の代表者である黒崎さんに、その日に山北が読み上げることになっていた追悼文について尋ねられる場面がある。

「今年の追悼文は支える会から誰が読むんだ?」と聞かれた。「僕です…」と答え、

(11) 山北前掲書、九頁。

(12) 山北前掲書、一七頁。

「もうなに言うか決めたの?」「一応紙に書いてきたんですけど」「見せてみな」とやりとりし、私は台本の紙を渡した。私がその台本の中で当事者の人々のことを労働者とあらわしていたことに対して、黒崎さんは、「労働者じゃなく仲間だ。亡くなったんじゃなくて、見殺しにされてきたんだ」と私の追悼文を訂正する。横にいた当事者の松山さんも言葉が丁寧すぎると指摘してくれる。「僕が仲間なんて言っていいのかな…これを読み上げるのか…」と不安に思いつつ、夜の追悼集会まで何度も暗唱した。(13)

(13) 山北前掲書、四六頁。

山北は、「「仲間」という言葉を使うことに抵抗を感じながらも震えながら当事者の前で「仲間の方々」と生まれて初めての使い方」を用いる。このエピソードを通じて、山北は、現場にいる人々と「いっしょに作業する」ことの「良さ」を実感する。現場での調査を通じて、そのようなさまざまな立場が交差するなかに生じる**現場の多声性**を捉えることが積み重ねられる。「対象と同じ現在をある程度共有」するなかで考察することにより、調査者/調査協力者双方の語りや行為の意味がより鮮明に浮びあがってくるのである。(14) しかしこのような社会運動・ボランティアの現場とは不変のものではない。支援する側/支援される側を含めて新しく入って来る者もいれば、山北自身がそうであるように、去る者もいる。

(14) 山北前掲書、一〇八—一一〇頁。

残された課題――変化する現場を／から考える

参与を深めることによって、観察は対象者のよりミクロな日常生活の次元にまで及ぶことが可能となる。その過程において、現場に埋め込まれた「わたし」の判断も同時に問われていくことになる。とりわけ社会運動やボランティアの現場では、そこに参与する者の立場や行動が問われるがゆえに、観察するということの立場や特権性といった危うさが明確になる。そのとき調査者は、現場が望ましいと想定している社会状態の実現を優先させるべきだろうか。あるいは、その現場も特定の社会的状況に埋め込まれているとするならば、いかに現場との距離を保ちながら考察することが可能だろうか。

また、現場が変化するという出来事に、「わたし」はいかに対応することができるのだろうか。その理由を、特定の集団の内部にだけ求めることができる場合ばかりではない。むしろ、諸活動の背後にある政治経済的な潮流や社会的なニーズや価値観の変化に翻弄されることも少なくない。いずれにしろ、社会運動・ボランティアの現場に携わる調査者は、思考・実践することが非常に困難な局面において、参与と観察を深めることの意味を常に問い直すことが決定的に重要なのである。

メディア・大衆文化

メディアが受容される文脈を探る

今日、エスノグラフィーは、メディアや大衆文化の研究でも調査方法の一つとして取り入れられている。この研究領域においてエスノグラフィーが増えたきっかけは、イギリスの**カルチュラル・スタディーズ**の広まりにある。カルチュラル・スタディーズは、テレビ視聴者などのオーディエンスがどのようにメディア・テクストを「読む」のか、どのようにメディアや大衆文化を受容・消費するのかを問題とし、その文脈を重視してきた。この点を明らかにする有効な手段として、エスノグラフィーが取り入れられたのである。[1] では、**オーディエンス・エスノグラフィー**を中心に、メディアや大衆文化を主題とした民族誌をみていこう。

(1) カルチュラル・スタディーズのエスノグラフィーに関する詳細は、「オーディエンス・エスノグラフィー」の項を参照。

テレビ視聴の現場に入る——オーディエンスのエスノグラフィー

オーディエンス・エスノグラフィーの古典として最もよく知られる研究の一つに、デヴィッド・**モーリー**の『ファミリー・テレビジョン』（一九八六年）がある。[2] 白人の男性研究者であるモーリーは、サウスロンドンで暮らす白人の労働者階級と下層中

(2) David Morley, *Famiy Television: Cultural Power and Domestic Leisure*, London: Comedia, 1986

産階級の一八の家庭を訪れ、テレビ視聴に関するインタヴューと観察を実施した。それまで、家族の一員以外には閉ざされた家庭という私的空間に入ってインタヴューや観察が行なわれることは稀であった。モーリーは、エスノグラフィーを用いて、家庭という場で人々がどのようにテレビ番組を選択し、視聴し、解釈しているのかに関して、新しい研究方法と視点を提示しようとしたのである。彼は、とくにジェンダーに基づく権力関係が、テレビ視聴に与える影響に注目した。たとえば、権力の象徴であるリモコンを握るのはたいてい父親／夫である。家族で見ている番組には、なかなか妻の好みが反映されない。ある家庭でテレビ番組が選択される状況が、次のように記述されている。

〔…〕夫はパワーの象徴であるテレビのリモコンを独占し、妻は訴える。「私はあまり番組を選ばせてもらえないんです。彼がリモコンを自分の横において坐るから、どうしようもない。それから、私が番組を見ているときに、夫がカチャカチャとチャンネルを変えるので、イライラすることもよくあります〔…〕」。[3]

実際にテレビが視聴される現場で観察することによって、「視聴スタイル」「番組選択権」「テレビに関する会話」などが、ジェンダーに基づく権力関係に影響を受けている状況が明らかになった。これは視聴率やサーベイ調査からは見えにくい点だ。テ

（3） Morley, ibid, p. 69.

レビ視聴の研究に新しいアプローチを提示したという点で、オーディエンス・エスノグラフィーを用いた『ファミリー・テレビジョン』は画期的な研究なのである。

このように**文化の政治性**[4]を問うカルチュラル・スタディーズは、テレビ番組の視聴にくわえて、ファッションや音楽などの**サブカルチャー**、アニメや芸能人などの**ファン文化**[5]も研究対象とする。ここでも、オーディエンス・エスノグラフィーがよく応用されている。その一例として、**韓国テレビドラマ**のファン文化研究をまとめた毛利嘉孝編『日式韓流』(二〇〇四年)[6]をあげよう。この研究が扱う主要テーマは『冬のソナタ』の日本人ファンであり、その中心は中高年女性である。それまで中高年女性は、ポピュラーカルチャーの担い手として、ジャーナリズムやアカデミズムであまり取り上げられてこなかった。「主婦」「おばさん」などのステレオタイプによって表象され、周縁化され、文化の担い手として意識されてこなかった存在だといえる。

この研究では、まず二〇名に対するインタヴューによって、彼女たちが日常的に『冬ソナ』を何度も繰り返し視聴している状況が明らかになる。たとえば、一二回見たという六〇代女性は、全二〇話を一話から最後まで通しで楽しんで、終わるやいなやまた一話から見るというのを繰り返していた。「ほかのドラマを見ないのか」という質問に対しては、「ほかのドラマを見るのなら『冬ソナ』を見たい」と答えている。つぎに、『冬ソナ』のロケ地に赴く女性たちのツアーに同行して参与観察が行なわれる。その結果、ファン活動が、彼女たちの日常のリアリティや、韓国に対する「まな

(4) **文化**とは、自律的にそこに存在するものではなく、また経済の上部構造でもなく、社会における さまざまな権力関係や、経済の仕組みと相互に影響を及ぼし合いながら、絶えず再構成・再生産されていく性質をもつ、という考え方。

(5) カルチュラル・スタディーズのファン文化研究の代表的なものとしては、ジョン・フィスク『抵抗の快楽』(世界思想社、一九九一年)。また、ファン文化研究のレヴューに関しては、南田勝也・辻泉編『文化社会学の視座』(ミネルヴァ書房、二〇〇八年)第一章を参照。

(6) 毛利嘉孝編『日式韓流』せりか書房、二〇〇四年。

ざし」を変えていく状況が明らかになる。たとえば、ツアーに参加した五〇代女性は心境の変化について次のように語っている。

韓国にもこんな美男美女がいたの？　こんなお洒落な場所があるの？　こんなきれいな風景があるの？　それまでは正直、何も知らぬまま「反日感情、貧しい、粗悪品、汚い」というイメージだった。(7)

『冬ソナ』は、国家を枠組みとした韓国をめぐる言説——戦争や旧植民地としての記憶——に回収されない、新しい韓国のイメージや韓国との関係を日本の中高年女性にもたらした。この点において、調査を行なった研究者たちは、ファンの能動性とファン活動がもたらす効果に可能性を見いだしている。

国境を越える人、メディア——複数の現場でのエスノグラフィー

以上二つの研究をみてきたが、メディア・大衆文化を研究対象とするエスノグラフィーは、オーディエンス・エスノグラフィーに限るわけではない。藤田結子の『文化移民』（二〇〇八年）(8)は、メディアが国際移動に与える影響について考察した研究であり、調査方法には複数の現場で人やモノの流れを追跡する**マルチサイテッド・エスノグラフィー**(9)を用いている。マルチサイテッド・エスノグラフィーは、ローカルな場

(7)　毛利前掲書、七八頁。

(8)　藤田結子『文化移民——越境する日本の若者とメディア』新曜社、二〇〇八年。

(9)　「マルチサイテッド・エスノグラフィー」の項を参照。

所で起きる出来事が、グローバルな社会の諸制度とどのように関わっているのかを明らかにするうえで有効な方法である。当時留学生であった藤田は、ニューヨークやロンドンの街中で、ダンスやファッション、アートなどの文化的な分野で「成功」しようと日本からやって来て活動する若者をよく見かけていた。同様の社会現象が離れた二つの場所で見られることに関心を持ち、博士論文のテーマとすることにした。そして、「日本の若者たちは、どのようにしてニューヨークやロンドンへの移動に文化的な動機を見出すようになったのか」という研究の問いを設定し、調査を開始した。

この調査では、とくに移動する人を追いかける「人の追跡」の手法を用いている。これは体力と労力、コストのかかる調査方法である。藤田はまず東京のアメリカ大使館やブリティッシュ・カウンシルの前で、ニューヨークまたはロンドンに移住する計画を立てている二〇代から三〇歳前後までの男女を半年間かけて探した。そのうち二二人が調査に参加することになり、この若者たちに対して五年間にわたってインタヴューと参与観察を続けた。若者たちが出国した後、調査地はニューヨークとロンドンに移ったが、彼ら彼女らを追跡できなければ調査は失敗に終わる。藤田は不安に思いつつ、何度もメールを送って、移住先の新しい住所や電話番号を聞いた。なかなか返信のない者もいたが、ほぼ全員と三カ月後には再会することができ、二回目のインタヴューを行なった。その後は各人に対して年数回程度、一緒に街をぶらぶらしたり話を聞いたりした。若者がニューヨークから東京へ、ロンドンからブリストルへと移動すれば、移動先まで追いかけていった。

この方法を用いて調査を続けた結果、メディアが若者の移住を促す要因となっていることが明らかになった。ニューヨークへ移住する若者たちに共通してみられたことは、パートタイムや契約社員として働く生活を通して、日本社会のなかで「行き止まり」に来てしまったと感じていたことである。また同時に、日常生活のなかで『ビバリーヒルズ青春白書』『アリー・マイラブ』やMTVなどのアメリカ製テレビ番組や映画をよく視聴していた。彼ら彼女らは、アメリカやニューヨークのイメージに長期間接触した結果、「アメリカ」は最も日本に「似ている」国であり、さらに、ニューヨークは誰もが「成功」の機会を得られる場所だと思うようになっていた。そして、ニューヨークに移り住めば、これまで東京での生活と同様の生活を送りつつ、そのうえ東京で失ってしまった「成功」の機会を再び得られるのではないか、と考えていた。たとえば二五歳のフリーター・大輔は、仕事に関して「ちゃんと就職するまで、期間が残り少ないじゃないですか。三〇歳でしっかりしたいんですよ」と述べ、ニューヨークに行く動機について次のように語った。

戦いに行くっていうのが、一番自分としても。その手段として（自分の描いた）絵を持っていくというか。〔…〕（映画で見た）バスキアを発掘したところに持っていってまずそこで戦って。自分は昔、営業をやっていたから売り込める。[10]

(10) 藤田前掲書、六四頁。

その一方で、ロンドンへ行く者の大半は、芸術に関わる学歴や職業経験があった。また、高等教育やメディアへの接触を通してヨーロッパは芸術・文化的に最も進んだ場所と考えるようになり、英語能力や英国での学位・職業経験などの「**文化資本**(11)」を得ようとロンドンへの移住を計画していた。

どちらの都市へ向かう場合も、若者たちは日本で暮らしている間、メディアを通してニューヨークあるいはロンドンの日常生活や大衆文化、アーティストの成功話を普段からよく見聞きしていた。このメディアが伝えるイメージは、現地で暮らす自己の姿を想像する資源となった。そうして、この若者たちは「想像の世界」の一部になりたいと願い、実際に海を渡っていったのだ。

以上のように、グローバルなメディアのフローが若者の国際移動を促し、その結果、ニューヨークとロンドンという二つの都市で同様の現象が起きたことが明らかになった。グローバル化が急速に進む現在、ローカルな場所で起こる出来事は、しばしばグローバルな現象と深く関わっている。マルチサイテッド・エスノグラフィーは、こういった複数の現場で起こる、一見非連続的に見える現象の関係を理解するための方法として有効なのである。

残された課題――オーディエンスをどのように「観察」すべきか

(11) 社会学者ピエール・ブルデューの用語。「文化資本」とは、広い意味での文化に関わる有形無形の所有物の総体を指す。具体的には、(一) 知識や教養、(二) 文化的財物、(三) 学歴や資格、の三種類に分けられる。

オーディエンス・エスノグラフィーに関していえば、その問題点として調査期間の短さが指摘されている。『ファミリー・テレビジョン』『日式韓流』の場合も、調査者が一定期間にわたって、同じ現場を繰り返し訪れたわけではない。このような方法によって書かれたエスノグラフィーについて、「厚い記述[12]」を生むことはできないとみなすか、研究の目的を達成していればかまわないとするかは意見が分かれるところだろう。

さらに、メディア利用の場に調査者が入ることによってもたらされる影響の問題がある。オーディエンス・エスノグラフィーでは、メディア利用者が社会構造的に埋め込まれている権力関係に大きな関心が払われてきた。だがその一方で、調査する側と調査される側がどのように影響を与え合っているのかについて、十分に議論がなされてきたとは言いがたい。たとえば家庭という私的空間に外から（権威や権力を持つとされる）調査者が入るとき、日常的な視聴スタイルは再現されるのか、調査者の存在によって変化が起こるとすれば調査結果をどのように解釈すればよいのか、いっそうの検討がなされるべきだろう。

(12) コラム「厚い記述」を参照。

第四部　フィールドで出会う問題

『ギャルとギャル男の文化人類学』の調査現場（© 荒井悠介）

調査の説明と同意——フィールドに入るときに

ひとたび調査フィールドに足を踏み入れると、想像どおりの、または想像してもいなかった、さまざまな光景が目の前に広がり、質問したい、話を聞きたい、と興味を寄せてきた人々が、現実の姿となって現われる。そのなかで調査者は一心に「見る」ことになるが、しかし、たとえ傍らから観察するだけだとしても、「見られる」ことを嫌がる人や、「見る」調査者をいぶかしがる人もいるだろう。そうして人々と陰に陽に関わっていくなかでは、衝突や誤解といった問題が生じてしまうかもしれない。

そのような問題を少しでも回避する一つの手段としては、調査に参加する人々に、前もって研究の内容を説明して同意を得ることが有効である。具体的にいえば、調査をどのように実施するのか、インタヴューをどのように行なうのか、調査のなかで知りえた情報をどのように扱い、研究成果としてどのようなかたちで発表するのかなど、あらかじめきちんと調査協力者に伝えて協力を依頼するのである(1)。

その最も一般的な方法は、説明同意文書を作成し、それに基づいて調査内容を確認していくというものだ。だが現場で文書を取り出して同意を得ようとすると、調査協

(1)　また、調査者であるという自身の立場を隠すことは研究の倫理に反しており、研究を行なう者に対する不信感にもつながる行為であることを肝に銘じておかなければならない。

力者の警戒心をあおってしまったり、関係を形成するうえでの障壁をつくってしまったりすることもある。したがって、実際の運用にあたっては文書という形式にこだわらず、口頭での同意を得る、フィールドワークを行なう場に調査概要を掲示するなど、臨機応変な対応を考えていくのがよい(2)。

同意の内容と方法

では具体的に、調査協力者からどのようにして同意を得ればよいのだろうか。まず同意の内容であるが、研究の目的は何か、記録をどのように行なうつもりか（録音やメモ書きなど）、データは調査者以外に誰に開示されうるか（大学の指導教員など）、得られたデータはどのように保存され、破棄されるかといった点を盛りこむ。つぎに、調査に参加するにあたってのメリットとリスクを明示し、そのリスクを回避するためにどのような措置をとるつもりであるかを説明する。

以上のことは調査協力者にわかるような平易な言葉で伝えなければならない。調査者自身のためではなく、調査協力者のために説明することを心がける。文書を使用する場合、未成年者には年齢や学齢に合わせた同意書を用意するとともに、保護者にも了解を得るなどの配慮が必要となる。文書を読むことや署名することが困難な人には口頭で説明して了解をとり、それを録音させてもらうという方法も考えられる。日本語以外の言語をおもに使用する人にはできる限りその言語での文書を用意し、それが

(2) 近年では、多くの大学などの研究機関に倫理審査委員会が設けられ、調査協力を得るためのガイドラインも制定されつつある。

かなわない場合は表現や表記に十分留意して内容を伝える。

また、研究参加の中止がいつでも可能だと伝えておかなければならない。というのも、ここまで事前に説明し同意を得ていても、実際に調査が始まると、それがあらかじめ同意していた内容と異なると調査協力者が感じたり、状況の変化によって調査の進行に疑問や不満を抱いたりするという可能性が出てくるからである。そのつど直接話し合って解決できればよいが、調査者と調査協力者との関係が親密な関係になっていくにつれて、疑問や不満を口に出しにくくなる場合がある。そのような場合を想定し、調査協力者が理由のいかんにかかわらず辞退したいと申し出る権利を保証し、そのことによって調査協力者に不利益が生じることはない、と説明しておくべきである。

さらに、調査について問い合わせることのできる第三者（たとえば大学の指導教員など）を設定し、その連絡先をあらかじめ伝えておくことも、トラブルを回避するための一助となるだろう。

現場で求められる柔軟さ

実際の調査は最初に行なった説明と同意にそって進めていくことが重要だ。しかし、実際に現場に入ってしまうと、それまで想定していなかったような事態に遭遇することも多い。同意事項の解釈や運用の範囲について、臨機応変に対応するべきだろう。たとえば、お酒の席や雑談などのインフォーマルな場で重要なことがらがふいに話題にのぼったりすることがある。そうした場面で得られたデータをどのように扱ったらよいだろうか。また、あらかじめ調査への参加をお願いしていた人以外の人も集まるような寄りあいやパーティーなどの場面で重要なデータが得られたものの、全員から同意を取ることが困難な状況ではどうだろうか。

事前の説明・同意と実際の調査はエスノグラフィーの両輪であり、常にそれらを突き合わせて研究を進める必要があり、こうした場面では調査者としての良心と倫理観が問われる。後で了解を得る、**匿名性の確保**(3)に十分に留意するなどの措置をとることで可能な限り対処する。それでも難しい場合には有益な研究成果よりも調査協力者の保護を優先するという姿勢を忘れない。

説明と同意はエスノグラフィーの実践になくてはならないものだが、同時に、同意を得るという手続きさえ経ればよい、という手続き主義に陥らないようにしたい。何のための、誰のための、説明と同意なのかということを常に念頭に置きながら、誠実さをもって調査を進めることが大切である。そのような姿勢が、調査者個人の利害にとどまらず、長きにわたってフィールドと研究者コミュニティのより良い関係を形成するものとなるだろう。

(3)「守秘義務と匿名性」の項を参照。

権力——フィールドのただなかで1

調査が進むにつれ、フィールドとの関わりは質的にも量的にも変化する。少しずつ協力者の態度がやわらぐ、あるとき突然に心を開いてもらえる、ようやくじっくり話を聞かせてもらえる——そうした過程にこそ、フィールドワークの醍醐味があるといってもを過言ではない。しかし、そのスリルは、協力者たちの側にもあることを忘れてはならない。彼ら彼女らもまた調査者のことをじっと見据えていて、どんな人間で、何をしたか、何を話したか、それに対してどう関わるべきか、考えている。

しかし、そのように思惑が交差するとき、調査する者と調査される者が完全に平等であるということは少ない。どちらかのほうがより力をもっていて、どちらかに強制的に、抑圧的に働きかけるということも起こりうる。他の社会関係と同様に、あるいは調査という文脈だからこそ、**権力**の問題が浮上するのである。

調査者の特権

第一に、「調査者」という肩書きは、特殊な地位に人をおく。自分ではそのように思っていなくても、たとえば役所や学校などからお墨付きを得てやってきたその人は、

「偉い人」とか「専門家」だとみなされてしまうかもしれない。たとえ若い学生だったとしても、「わざわざやってきたお客さん」に何か役立つ話をしなければ、と気遣わせてしまうかもしれない。(1) 調査者には、本人が望むと望まざるとにかかわらず、調査者であるがゆえの権威が付されるのである——「解釈的調査は必然的に権力を含んでいる。調査者はしばしば、ある状況に入って解釈するために権力を与えられる」(2)。

たしかに調査者は、カメラやレコーダーのように無機質な機械的な存在ではない。調査ただ事実を写しとるのではなく、むしろ知識や情報をつくりだすことができる。調査フィールドに入り込み、いずれは離れ、どこか遠いところでその成果を発表するための、社会的地位や資源（時間やお金やネットワークなど）を有している。いっぽうでフィールドの人々は、調査に「協力」したり「参加」したりできたとしても、調査者とまったく同じようにふるまうことは、たいていの場合、できない(3)。

その不平等な関係には、搾取や裏切りの可能性がつきまとう。調査者は「偉い人」と見なされるのをいいことに、相手の生活の場に上がりこみ、あたりを観察しまわり、聞きたいことを聞き出し、帰っていくということができてしまう。「お客さん」の立場から、相手に好奇のまなざしを向け、プライヴェートなことまで問いただすことも、普段なら口にしないような話を引き出すこともできてしまう。そうして得られた「データ」をもって、彼ら彼女らの思惑に関係なく、調査に協力してくれた人々はこんなでした、と、一方的に描き出す、ということも。自らに付された特権を、濫用してし

(1) その結果、協力者たちが進んで期待されるとおりの話をする、という可能性も否めない。桜井厚『インタビューの社会学——ライフストーリーの聞き方』せりか書房、二〇〇二年、二五八頁。

(2) ノーマン・K・デンジン『エピファニーの社会学——解釈的相互作用論の核心』片桐雅隆ほか訳、マグロウヒル、一九九二年、三一頁。

(3) **アクション・リサーチ**は、まさにこの非対称な関係を乗り越えようとする方法である。「アクション・リサーチ」の項を参照。

まうという事態である。

調査の実施に関わる者はすべて、こうした事態に陥らぬよう最大の注意を払い、自らが有する権力に意識的に、そして禁欲的にあらねばならない。話を聞かせてくれた人たち、行動や生活をともにすることを許してくれた人たちは、あくまでも「調査協力者」なのであって、調査者が思いのままに操ってよい「調査対象」ではない。彼ら彼女らにかかる時間的、労力的、金銭的そして精神的な負担を考慮し、そのうえで得られた「協力」には感謝する。どんな大義名分のもとに行なわれた調査だとしても、たとえそれが協力者たち自身に利するものであったとしても、調査への協力は決して当たり前のことではない、と知っていなければならない。そこでは当然、調査協力を無理強いすることもしてはならないし、調査の途中であってもいつでも自由に辞退できると繰り返し伝えておくべきである。また、自分の都合で相手を質問攻めにしたり長時間つきあわせたりしないこと、そして成果を公的に発表するまえに協力者たちの目に入れることも必要である。(4)

錯綜する権力関係のなかで

ただしどれだけ注意をしても、権力関係のまったく存在しない場に身を置くことができるわけではない。調査者であるということがはらむ権威に加えて、人種やエスニシティ、ジェンダー、セクシュアリティ、言語、年齢、出身地、階層など、この社会

(4) 「調査の説明と同意」「守秘義務と匿名性」の項を参照。

には力関係がいくつもある。調査者もまたその網にからめとられているから、たとえば男性であること、異性愛者であること、都市在住者であることによって、調査協力者に対して優位に立ってしまうということがありうる。そのとき、調査者自身が意図していなかったとしても、相手を警戒させてしまったり萎縮させてしまったりすることは避けがたい。すでに述べたように、自身がそのような権威ある地位に立ってしまうということには、どれだけ注意してもしすぎることはないのである。

同時に、権威を付されていたはずの調査者が、権力を振るわれてしまうということもありうるだろう。「マイノリティ」、たとえば女性や若者、あるいはその場の主要言語を話せない者は、調査者でありながら劣位におかれてしまうかもしれない(5)。

いずれにしてもそうした事態は、たしかに思い通りに調査を実行することを阻むが、そのいっぽうで、実は人間関係のあり方そのものだと考えることもできるだろう。より平等な、誰も搾取されたり抑圧されたりしない関係を築けることがいちばんだが、しかしそれがかなわなかったときには、その背景を考えてみることもできるはずだ。調査フィールドのなかで、どのような権力関係が作動しているのか、人々はそれとどのようにわたりあっているのか、そして調査者自身はそこにどう関わったのか。**自己再帰的なエスノグラフィー**の強みは、ここでこそ発揮できると言えるだろう。

(5)「親密性」の項を参照。

親密性――フィールドのただなかで2

フィールドにおける人間関係から距離をおこうとせず、むしろ積極的にそこに飛びこみ、巻きこまれていくとき、調査者は、ただデータを得るということ以上の困難を経験することになる。人々との関係のなかで、つらい、危うい立場におかれることもあれば、あたたかい、友好な関係に身をおけることもあり、そのどちらも問題に発展しうるのである。生身の人間として、どのように、どこまで、調査協力者たちと関わるか。**親密性**の問題もまた、フィールドのただなかでは重要である。

調査者の危うさ

調査協力者とのあいだに、何でも話せていろんなことを共有できる、親密な関係が築けることは理想的に思える。しかし、第一に、どれだけ努力しても、その地において「無知なよそ者」とみなされることで、あるいは若いから、女性だから、外国人だから、などという理由で、差別的な扱いを受けるということもありうる。調査者は協力を仰ぐ側であり、その意味で弱い立場にあるから、そうした状況に甘んじなくてはならなくなるかもしれない。さらにはそれが耐え難い状況に発展することもあるだろう。もし調査への協力と引き換えに性的関係を要求されれば、それはセクシュアル・ハラスメントに他ならない。それまでの調査の苦労がすべて水泡に帰してしまうかもしれない、今後調査が続けられなくなってしまうかもしれない、という状況のなかで、調査者は抵抗しなければならないのである[1]。

いっぽう、第二に、そうした問題とは無関係にみえる、協力的で親好的な関係が、困難を生むこともある。調査協力者に対して強い興味を示し、その人の話を熱心に聞き、行動をともにするうちに、その親密性から、いつしか「よそ者」ではなく、「同志」「友人」さらには「恋人」[2]だと見なされるようになることも多いにありうる。そのとき調査者が、その新たな立場から調査を深めていくこともできるというのは事実だが、しかし、変化する役割や期待に必ず応えられるものでもないだろう。有する資源につけこまれてしまうこともあれば[3]、「私たちの主張どおりの論文を書いてください」と依頼されてしまう、あるいは学的関心が個人的な、性的な関心に誤解されてしまう、という事態もまた生じうるのである。そうした期待を拒むことは、調査者にとって、差別的な扱いやハラスメントに抵抗することに劣らず困難なことに違いない。親密性はその意味で、調査者にとっては諸刃の剣である。

避けがたい事態を避けるために

客観性や中立性に重きをおく従来のアプローチであれば、こうした問題はすべて、

(1)「恋愛感情にまつわることからは逃れられない」の項を参照。

(2)「ギャルとギャル男の文化人類学の現場から」の項を参照。

(3) たとえば人脈がある人なら「今度のイベントに一〇〇人連れてきて」と頼まれたり、語学力のある人なら「この書類を翻訳して」「通訳の手伝いをして」などと依頼されたりするかもしれない。互恵的な関係のためにそのとおりにできる場合はよいが、実際の調査状況においてはそれがかなわないこともあるだろう。

「適度な距離」を保てなかった調査者の個人的な判断や行動のミスだということになるだろう。しかし新しいエスノグラフィーは、調査者がフィールドでの人間関係に巻き込まれることを前提とするものであった。そのとき親密な関係が生じ、それゆえの問題群に直面するのは、いわば避けがたい事態だともいえる。重要なのは、第一に、そのように複雑な自身の立場に意識的であることだろう。調査者はやはり透明な観察者たりえず、そのように巻き込まれてしまった立場から、それをふまえたうえで、記述と分析をしていく必要がある。(4)

第二には、起きうる事態を事前に予測し、それらに対する手だてを講じておくこと、そして、調査者と調査協力者とがたえず対話し続けていくことが挙げられるだろう。調査を始めるにあたって、その目的や意図そして自らの立場を明確に説明し同意をとりつけること、(5)そして調査のあいだもそれらを繰り返し伝えることで、自分は「同志」や「恋人」ではないということを伝えることができるだろう。相手からの依頼や希望を断わるにしても、「自分は調査者だから」と突き放すのではなく、自身の苦悩や困難を正直に打ち明けることで、理解を得やすくなるかもしれない。地道で実直な努力を積み重ねるしかない。

相手を惑わせないように、相手に誤解されないように、相手を傷つけないように――こうした気遣いは、実のところ、私たちがふだんのコミュニケーションのなかでもしていること、しなければならないことのはずだ。調査という特殊な状況だからそ

(4) 麦倉泰子は、調査協力者から発せられたことば、「いろいろなことを聴かれるのは嫌だし、困ってしまう。彼女になってデートでもしてくれるのなら話は別だけど」に基づき、「科学」や「調査」を後ろ盾に権力を行使していた自身を省察するとともに、それまでの調査結果に別な視点での解釈を加えている。麦倉泰子「障害とジェンダーをめぐる複数の視線――知的障害を持つ男性のセルフ・ストーリー」(桜井厚編『ライフストーリーとジェンダー』せりか書房、二〇〇三年)。

(5) 「調査の説明と同意」の項を参照。

れが必要ない、などということは決してない。フィールドに乗りこむ自分にとっては特別な、非日常的な状況だとしても、相手にとってはそうではない。自分にとってはその場限りの親密な関係かもしれないが、相手はそう思わないかもしれない。そうした可能性に自覚的に振る舞うことが求められるのである。

親密性と権力

また、忘れてはならないのは、親密性と権力は紙一重の関係にあるということだ。調査者は、協力をとりつけたらすぐよい関係が築けたと思い、その人のことを知ろうし、その人に近づけたからこそその人のためになるような研究をしようと努力するかもしれない。しかし、そこで感じられている「親密性」が誰にとってのものか、ほんとうに相互に生じているものなのかには注意が必要だ。一方的な「善意」や「厚意」は、相手に強制的に、権力的に働くことがある。

したがって、調査が協力者たちに利益をもたらす、すなわち彼ら彼女らの**エンパワーメント**につながる、というのは、実は、そんなに容易なことではない。[6]「相手のために」が自身の思い込みでないかどうか——その手中にあるのが親密性なのか、権力なのか——もまた、つねに批判的に見定めなければならない。

(6)「フェミニスト・エスノグラフィー」「アクション・リサーチ」の項を参照。また調査が誰を益するものかという問題については、「利益」の項を参照。

守秘義務と匿名性——フィールドを後にするときに

フィールドから離れる日、フィールドワークを終える日は必ずやってくる。一時的に離れるだけでまた戻ることもあれば、もう二度とそこを訪れられないこともあるだろう。個人的な愛着や感傷が生じるのはもちろんのことだが、調査じたいが終わったわけではない。過程（process）としてのエスノグラフィーを終えた調査者は、成果（product）としてのエスノグラフィーを記すために、データとあわせて、それを手にしたことで生じる守秘義務もまた持ち帰り、匿名性への配慮に心を砕くことになる。

エスノグラフィーと守秘義務・匿名性

守秘義務（confidentiality）は、職務を通じて知りえた秘密を守る義務である。公務員、医師や弁護士などの職業における守秘義務は法律で定められているが、報道や調査を行なう者の守秘義務は法律上の規定がなく、職業倫理上の義務とされている。また、**匿名性**（anonymity）とは、情報提供に協力した人の身元がわからないようにすることであり、取材源を秘匿しプライヴァシーを保護するうえで欠かせない手段である。

エスノグラフィーにおいてこの二つがきわめて重要なのは、エスノグラフィーでは、個人の生い立ちや血縁・家族、過去の経歴、複雑な人間関係などの個人情報を扱うことが多いからである。このようなことがらを記述して公表すれば、調査に協力してくれた人々に不利益がもたらされる可能性が生じる。たとえば、プライヴァシーが脅かされる、周囲の家族や友人にまで影響が及ぶなどが考えられる。

また、組織・団体やコミュニティを対象とする参与観察やインタヴューでは、組織内での対立や評価、他人の噂話などをしばしば見聞きする。このようなことがらを記述して公表すれば、個人や組織の情報を漏らしたとして批判される、周囲の人間との関係にひびが入る、職場の人々に迷惑が及ぶなどのことが調査協力者に起こりうる。

以上のように、あらゆることに関する記述が、調査協力者に不利益をもたらす可能性を有している。調査者は細心の注意を払い、調査協力者の利益を最優先に考え、守秘義務と匿名性を守らなければならない。

守秘義務

では実際に、どのようにして調査協力者の秘密やプライヴァシーを守ればよいのだろうか。「調査の説明と同意」の項で見たように、調査を開始する前に、守秘義務に関して調査協力者に説明し、調査に関する同意を得なければならない。調査の過程で、可能な限り調査参加者に原稿（あるいはインタヴューのトランスクリプト）を見せ、内容をチェックしてもらう。その際、使用して欲しくない部分や、使用してもよいが言い回しを変えて欲しい部分について聞き、[1]調査協力者の希望どおりに削除・修正する。調査者側から見てどうしても使用したい部分であっても、調査協力者から削除・修正の要請があればそれに従う。

このとき悩まされるのは、誰にチェックをしてもらうかだろう。主要な調査協力者にチェックをしてもらうのは当然であるが、本来ならすべての調査協力者にチェックをしてもらうのが理想だろう。しかし、実際にはそれは難しい場合が多い。何度チェックを依頼しても返信が来ない調査協力者に対して、どのように対処すればよいのだろうか。インタヴューから短い一行しか引用しない調査協力者にもチェックを依頼するべきなのだろうか。

調査や調査協力者ごとに事情が異なるため、こういった問題に模範解答はなく、調査者自身がケースバイケースで考えて対応するしかない。一つだけ明らかなことは、どのような場合でも、**調査協力者のプライヴァシー**を保護し秘密を守り、調査協力者側の利益を最優先にしなければならないということだ。

匿名性

レポートや論文、本を執筆する際、冒頭で述べたような不利益が調査協力者にもたらされないように、特別な理由がない限り、[2]個人名や団体名、地名は匿名とすべきで

(1) 個々の調査協力者によって感じ方はまったく異なる。話した内容について、多くを公表されたくないと感じる人もいれば、公表されることをまったく気にしない人もいる。これについては、本人に聞いて確認しなければわからない。

(2) すべての場合において、絶対に匿名でなければならないというわけではない。有名人に関する研究など、研究目的によっては同意のもとあえて実名を用いることもある。

ある。一般的には仮名を用いる。たとえば本名が「山田花子」であれば、「佐藤由美」というように全く異なる氏名を用いてもよいし、Aさんとしてもよい。しかし「山本華子」「Y田」「H子」など本名に近い、あるいは本名を連想させるような仮名を用いてはいけない。

とはいえ、匿名性の保持には限界があることを忘れてはならない。すなわち、調査協力者Xさんについて書かれた民族誌をXさんの知合いが読んだ場合、それがXさん本人だと絶対にわからない、という完全な匿名性の達成は不可能である。とくに、比較的数が少ないタイプの組織、その分野や業界では有名な個人、地理的に特殊な場所にある現場やコミュニティなどでは、仮名を使ったとしても個人の身元を推察されてしまう可能性が高い。たとえば医療のエスノグラフィーでは、「一つの対象施設から少数の人が研究に参加する場合、その研究者と何かつながりのある医師が研究に参加したと推察されてしまう」ことがある。[3] このように本人が推察されてしまう可能性についてては、事前に調査協力者と話し合っておくべきだろう。

さらに、仮名を使用するだけでなく、研究の結果を読み手が解釈するうえで差し支えない程度に、個人や組織・団体の属性や特徴を変える、曖昧にするなどの工夫をして、できるだけ身元がわかりにくいようにしてもよいだろう。

場合によっては、調査協力者自身が、実名を公表してよい、公表して欲しいと希望することがある。せっかく調査に協力したのだから自分自身も実名で記載してもらい

（3） キャサリン・ホープ、ニコラス・メイズ『質的研究実践ガイド』医学書院、二〇〇八年二版、五六頁。

たいと思うのは当然かもしれない。だが、一人の調査協力者の実名を公表することによって、他の調査協力者の身元がわかってしまう危険性がある。そのような危険性が否定できない場合には、調査者は調査協力者に誠意をもって理由を説明し、実名の公表を控えるべきである。

データを保存する際には、実名でなく仮名や記号・番号を用いて保存するべきである。なぜなら、共有のパーソナル・コンピューターを使用している場合、あるいは個人のコンピューターでも古くなって破棄をする場合、データがハードディスクに残ってしまい、情報が流出する可能性があるからだ。実名と仮名との対応表を保管する必要があるときには、ほかの人の目に触れることのないように、同じファイル内ではなく、別のファイルに保存するほうがよい。

発表・出版

レポートや卒業論文、修士・博士論文を授業や学会で発表するとき、または大学に提出するときにも、守秘義務と匿名性が守られているかを確認する。学内の少人数のゼミで発表するときでもチェックを怠らない。最近では、ＳＮＳ（ソーシャル・ネットワーキング・サービス）が普及し、友人へ向けて書いたつもりのメッセージが全世界に公開されるようなこともある。何気ない一言の書き込みによって、調査を通して知りえた個人情報やプライヴァシーに関わることがらを推察されることがないようにする。また研究室のホームページなどでレポートや論文が公開されるケースも少なくない。その際、守秘義務・匿名性が守られているかを再確認する。また、少なくとも主要な調査協力者には、インターネットで公開することについて許可を得ることが望ましい。

大学院生であれば、執筆した論文がゆくゆくは本として出版される可能性も念頭におくべきだろう。本として出版されれば流通経路が広まり、図書館や書店、インターネットを通して不特定多数の読者の目に触れる。守秘義務や匿名性が十分に守られていない場合には、重大な問題に発展する可能性がある。米国の場合、学術出版社は筆者に調査協力者からの同意書の提出を求めるなど、幾重にもチェック機能が働く傾向がある。しかし日本では、出版社は守秘義務や匿名性についてはまったく問題としないか、口頭での確認だけを行なうなど、調査者の自己責任となっていることが多い。

また、出版の機会があっても、前もって調査協力者から同意を得ていなければ、最終的に同意を得られず出版を取りやめるという事態も起こりうる。調査者は、調査開始時点から、常に守秘義務と匿名性の確認を怠らないよう心がけておく必要があるだろう。

利益――フィールドで得たもののゆくえ

エスノグラフィーは調査者にとってもフィールドの人々にとっても、多大な時間や労力、コストを要するものである。フィールドのなかで、そしてそこを去ったあとも、調査者が得るものは言うまでもなく多いが、それではフィールドの人々の側は、負担に見合う利益を得ることができているのだろうか。あるいは、フィールドの人々にとっての「利益」とはいったい何だろうか。

また、調査の成果が公開されると、さまざまな利害を持つ人々が、調査者の想定しないようなかたちでそれを用いる可能性が出てくる。これに対し、調査の成果が自分の手を離れる前に、調査者は何を考えておけばいいのだろうか。

調査者にとってのフィールド

フィールドは調査者にさまざまな利益を与えてくれる。調査者はあるテーマに関して、問いや知りたいことをもってフィールドに入り、その答え、あるいは思ってもみなかった考え方を手にして帰っていく。学生や研究者であれば、それを成果報告書や論文の形にして発表し、その結果を学位や業績などの形で、自分の利益にかえることができる。その調査で得たノウハウや人脈、経験といった、目に見えないものも含めれば、調査者がフィールドから得られるものは膨大である。

もちろんエスノグラフィーによってフィールドから利益を得られるのは、調査者個人だけではない。彼ら彼女らが属する学術界(たとえば文化人類学や社会学)もまた、個々の調査研究の成果から新たな知見を得たり、さらなる問題提起を受けたりして、豊かになる。だからこそ、**社会調査**などの教科書では、先行研究をよく読み、まだ解決されていない問題に答えたり、見過ごされていた課題を発見したりするような調査を設計するよう、つまり、学術的な貢献のできる調査をするよう、指示されるのだ。学術的な調査は、フィールドの人々の生活や興味のあり方とは直接関係のない論理にそっても計画され、実行されるという面をもっているのである。

フィールドにとっての調査者

このように、エスノグラファーは自分自身、あるいは自身の属する世界に特有の事情を背負ってフィールドに入っていくのだが、調査の成否はフィールドの人々の協力に大きく依存している。フィールドの人々に時間をもらって話を聞き、資料をもらい、ときには彼ら彼女らが考えたことがないような質問にも答えてもらわねばならない(1)。

では、こうした手間ひまや時間、精神的負担に対して、フィールドの人々は調査からどのような利益を得られるのだろうか。インタヴューや質問紙調査ならば、一回に

(1) 調査によってフィールドの人々がこうむる「迷惑」「被害」については、「権力」「話してもらえる私になる」の項を参照。

つきいくらという形で謝礼を渡すこともできる。しかし、参与観察など、誰にどのくらい協力してもらったかということを明確に計ることができない調査では、そのようなやり方はとれない。そもそも、調査への協力に対して金品だけで謝意を表わすことは妥当なのかということも考えねばならない。

推奨されるのは、調査報告書などの研究成果をフィールドでお世話になった人々に送ることである。エスノグラファーの視点から書かれたフィールドの姿は、そこに日々暮らす人々に、自分たちの世界についての新鮮な驚きや気づきをもたらすこともある。(2) もし研究成果が、調査でお世話になった人々の暮らしをより良くしていくきっかけになれば、それはもっとも筋の通った「**利益の還元**」となるだろう。

しかしそれは、ただ論文や報告書を現地に発送すれば終わり、ということではない。大学や学術界といった特殊な場に向けて書かれた文章をそのまま渡すことは、現地の人々を戸惑わせたり、かえって負担に感じさせたりするだけになりかねない。それらが協力者の読めない言葉(外国語など)で書かれたりしていればなおさらである。これに対し、フィールドの人々が参加できる成果発表会を開いたり、共同の研究会を行なうなど、語り方や発信の仕方を工夫していくことで、よりフィールドに還元されやすい成果の報告を目指すこともできるだろう。いっぽう、成果の報告だけでなく、行政や企業などにはたらきかけるなど、自ら行動を起こすことで、調査で知った現場のニーズを満たすことを試みる調査者もいる。(3)

(2) たとえば浮ヶ谷幸代は、フィールドとなった病院のスタッフから、自分たちについて書かれたエスノグラフィーを読むことが、よりよい医療行為について考えるきっかけになったと述べられた経験を書いている(浮ヶ谷幸代「調査が困難なフィールドといかに向き合うか」『調査と社会』第六号、二〇〇六年、二七―三四頁)。

(3) 安渓遊地による、日本民族学会(現文化人類学会)会員へのアンケート結果のまとめより(安渓遊地「「研究成果の還元」はどこまで可能か」(安渓遊地・宮本常一『調査されるという迷惑』みずのわ出版、二〇〇八年)一〇〇―一一一頁)。同書で安渓は、フィールドであった西表島で自ら自然を守る活動を始め、無農薬米栽培と販売の事業を興すまでになった経緯についても書いている。

成果と利益をめぐるポリティクス

エスノグラフィーから生じる利益の問題について、もう一つ指摘しておかなくてはならないのは、公開された調査が誰に、どのように利用されるかということである。とくに、激しい論争や利害の対立があるテーマを扱っている場合には、表現と発信の仕方に細心の注意が必要になる。エスノグラフィーは、あるフィールドに複雑に織り込まれた関係性を「厚く」記述しようとするが、現に対立のある現場では、調査者の意図とは別に、その記述が対立の一方の主張を裏づけるものと見なされたり、論争のなかで元の文脈から切り離されて使われたりする可能性がある。(4) 特に社会のなかで弱い立場に置かれている人々について書く場合には、いっそうの危険性がはらまれる。(5)「厚い記述」が、彼ら彼女らを批判的・嫌悪的にとらえる者たちによって利用されることで、かえってエスノグラフィーが現場に不利益を与えてしまいかねないのである。

調査の結果が公開されることは、それが調査者の手を離れていくということでもある。どのように読まれるかをコントロールすることは、最終的にはできない。それでも調査者は、少なくとも自分の扱うフィールドに関してどんな議論が起こっているかを十二分に把握し、記述や公開の仕方についてできるだけの注意を払うべきだろう。

(4) たとえば種田博之は、薬害問題に関わった医師へのインタヴューの結果が、患者側に違和感を起こさせた事例を報告している(種田博之「分析結果を公表することの困難」『調査と社会』第六号、二〇〇六年、五一一一頁)。

(5) たとえばミシェル・ファインらは、貧困や社会政策に関する調査において、調査者の語りを——特にその「悪い話」を——記述する際の困難について指摘している(ミシェル・ファインほか「誰のために——質的研究における表象/代弁と社会的責任」〔ノーマン・K・デンジン、イヴォンナ・S・リンカン編『質的研究ハンドブック』第一巻、平山満義監訳、北大路書房、二〇〇六年〕八七—一三六頁)。

フィールドからの声

■話してもらえる私になる

熱田敬子

愛情・友情・裏切り・憎悪。ふつうの人間関係でおきるすべてのことは、あなたがエスノグラフィーのための調査をし、執筆している時にも起きる可能性がある。そして、あなたが調査を通して知ったことを書き、公表するということ、そもそも調査すること自体も、他者を傷つけ、侵害する可能性を常に秘めている。

実は、フィールドでのこうした問題に、いちばん参考になるのは**失敗談**である。フィールドにおける一人の人間としての調査者は、誰でも間違いをおかす。文化人類学者・**波平恵美子**(1)は、調査者は「**迷惑な侵入者**」であるという。頼まれてもいないのに、知らない環境のなかに入り、知り合う人たちの好意にすがる調査者が、迷惑をかけないことなどあり得ない。

だが、迷惑と侵害の間にははっきりした違いがある。

重大な調査倫理の問題としては、B大学の事件(2)が知られている。社会調査実習でセ

(1) 波平恵美子・小田博志『質的研究の方法――いのちの〈現場〉を読みとく』春秋社、二〇一〇年。

(2) 石川洋明「子ども虐待防止の臨床社会学――困難と可能性」(野口裕二・大村英昭編著『臨床社会学の実践』有斐閣、二〇〇一年)。

ルフヘルプ・グループ[3]を対象にした学生が、調査であることを告げずに調査をしたり、調査を断わられて推測を交えたレポートを書いた。それが調査報告書になってしまったのである。セルフヘルプ・グループは、プライヴェートな病いや人間関係の問題を語る場だ。そこに嘘をついて入りこみ、知らないことを憶測で書けば、訴訟になってもおかしくない。指導教員は、学生に「悪意」はないと釈明したという。しかし、善意であれ悪意であれ、重大なプライヴァシー侵害、人を深く傷つけることにかわりはない。

Ｂ大学は極端な例ではない。自助グループや当事者団体のＨＰで、「調査お断り」の文言を目にすることは多い。インターネット検索で出てくる団体では、レポートや卒論レベルでも調査の申し込みがあるという。そのなかで、せっかく貴重な時間を割いて対応しても結果のフィードバックがなかったり、勝手な解釈やいいかげんな説明と調査された側が思うことを書かれた経験、資料が長期返却されないこと（うっかりやってしまいがちだ）などが、「調査」というもの自体に不信感を抱かせる。[4]

個人的体験だが、ある人にインタヴューをしていた時、その娘さんがじっとこちらを見ているのに気づいた。「このまま続けていいでしょうか？」と聞くと、出身地、年齢、家族構成、いわゆる**フェースシート**の質問について、なぜそんなことまで聞くのか、役所の人でもないのに、と言う。

このインタヴュイーQさんは、別のインタヴュイーの方の紹介であった。後から考

（3）「当事者研究」の項参照。

（4）このように、ある調査者の問題ある行動がもとで、他の研究者にとっても、そのフィールドでの調査が不可能になってしまうことを「**フィールド荒らし**」という。

えると、間に入った方が詳しく話して了解をとったと言ってくれていたことに安心し、一つ一つの質問が何故必要か、データをどう利用するかなどの説明が不十分だったのだ。不信感を抱かれたことは明らかで、私は恥ずかしくてたまらなかった。頬に血がのぼるのを感じながら、説明が不十分だったことを詫び、同意が得られなければ、途中でもインタヴューは中断すると言って、お二人の前で録音データを消去し、手書きのメモを渡して辞去した。

　人生や私生活について聞くことは、それだけ相手に圧迫感を与える可能性がある。インタヴューなら、いつでもインタヴュイーの意志でインタヴューをやめられると、重ねて伝えることが重要だ(5)。プライヴァシーに直接関連する質問については、それを聞く必然性や、公開の仕方を伝えるとよい。また、調査後にデータを使わないでほしいと言われた場合は、当然使うことができない。録音消去は、失敗を認めた上で、同意なしにデータは使わないという、最低限の信頼確保のためとっさに考えたことだ。幸か不幸か、この時は同じフィールドの他のインタヴューは継続できた。

　結果をまとめている時には、視野が狭くなることがある。このインタヴューがなければ、卒論や修論に間にあわないと思うかもしれないが、時間をかけなければ書けないことというのは存在する。トラブルを防ぎ、精神的な余裕をもって対処するには、スケジュール管理もだが、フィールドへの複数の入口確保が大事になる。例えば、キーパーソンのAさんにすべてのインタヴュイーを紹介してもらっていたら、その人と

（5）例えば収入を聞く時は、お一人お一人の収入がわかるような形では公開せず、その時の調査協力者全体で年収いくらが何人、というような公開の仕方をするなどし、そのことを伝える。あるいは、だいたいのところでいい場合は、三〇〇万以下、三〇一―六〇〇万……というように選択肢を用意しておくと、答えやすい質問もあるだろう。もちろん、収入を聞くことが調査にとって、なぜ必要かもつけ加えなければならない。

の関係が悪くなった時、すべてのインタヴュー・データが使えなくなる可能性もある。調査を断わられたら、ごり押しせず、他をあたるか、時間をかけて自分の意図と熱意を伝えよう。例えば、卒論では社会背景や先行研究のまとめをしながら当事者と連絡を取りつづけ、修論でインタヴューの了解を得るという手段もある。

こう聞くと、エスノグラフィーを書くのは恐ろしいことだと思うかもしれない。その恐れは、フィールドワークやインタヴューなどに必須のものだ。フィールドでの行動に正解はない。知識と経験は失敗を致命的なものにしないために必要なのである。

多くの場合、研究者・学生には金も、一般への知名度もない。そんな相手に、なぜ人はこれといった見返りもなく自分のことを語ってくれるのか。波平恵美子は「**語ってもらえる私**」になるしかないという[6]。同じ調査をし、同じ人に聞いても、データの優劣や多寡と別に、人によって聞いた内容が全く違うことはよくあることである。この人になら話してもいいと思ってもらえるかどうかが、調査者のとるインタヴューの質を決めると言ってもいい。

多くの調査者がさしだせるものは、相手の話を聞きたいという関心と熱意、人間性くらいなものだ。しかし、誠実な関心というのは、十分に誰かに口を開いてもらう動機になる。大学生のとき、フィールドで出会ったある人が、インタヴューに恐れを抱く私に「人をうごかすのは人だけ」だから、熱意をもって話を聞かせてもらうしかないと言ってくれた。今でも私はその言葉を大事にしている。

（6）波平・小田前掲書、九五—九八頁。

■『ギャルとギャル男の文化人類学』の現場から

荒井悠介

私は現在、渋谷のギャルやギャル男、そして大人になった彼ら彼女らの価値観や文化を探る研究を行なっている。

ギャルとは、濃いアイメイクをし、明るく染めた髪、人為的な日焼けや肌の露出、水商売のホステスのようなファッションなどを好む女性。**ギャル男**は、明るい髪色に日焼けした肌、暴力団関係者を意識した不良っぽい恰好やホストのようなファッションなどを好む男性。そのようにイメージしていただきたい[1]。

私はそのなかでも、「イベサー」「ギャルサー」と呼ばれる若者集団のメンバーとその引退者を中心に研究してきた。この集団は、ストリートを活動の拠点にしてクラブイベントを行なう、少し不良っぽさを持った若者の集団であり、私自身も知名度の高いイベサーの代表として深く関わっていた。

異性であるギャルたちにも調査をしているため、ときおり「うらやましい」と言われることもあるが、異性を対象とした私の研究には常に三つの問題が立ちはだかる。

一つ目は「**研究に協力してもらう難しさ**」だ。研究開始当初、私はかつての拠点だった渋谷センター街のギャルサーのメンバーへの接触を試みた。以前までのギャル男としての私なら受け容れてもらえただろうが、いざ研究者として近づくと非常に警戒

(1) 第四部扉の写真を参照。

された。

参与観察をはじめて間もない時期のことだ。酒に酔ったギャルに善意で水を差し出したのだが、ほかの女性メンバーに割って入られた。その女性メンバーは飲み会のコール（かけ声）をかけ、私が差し出した水をさりげなく私自身に飲ませようとした。彼女は、私がやましい思いをもち、酔ったギャルにさらに酒を飲ませようとしたと勘違いしたのだ。幸いその場で誤解は解けたものの、そういう誤解をされたことがなかった私は、強いショックを受けた。渋谷のギャルのもとには、下心をもった大人が近づいてくることも多い。一度現場を離れた私は、そうした「怪しげな異性の大人」として映ったわけだ。

二つ目の問題は、「信頼関係を持続すること」。ある程度心を開いてくれても、異性・友人・家族関係といった繊細な問題について、異性である私が本音を聞き出すことは難しく、偽りの内容でごまかされたこともある。また、彼氏ができたなどの理由で連絡が取りづらくなり聞き取りが続行不可能になった例など、追跡調査にも困難が生じる。快くインタヴューに協力してくれていたギャルに、束縛が厳しい彼氏ができたことで、全く連絡をとることができなくなってしまったときは途方に暮れた。

そして三つ目の問題は、「恋愛の影響」である。私は、調査協力者として知り合った女性と恋愛には至っていない。だが、もともとギャル・ギャル男の文化圏にいたため、恋愛対象者が、研究対象と同じギャル系の人間となる。恋愛を通じて生まれた問題意識は、研究の問題意識ともわかちがたく結びつく。

たとえば、私は過去の恋愛で、売春、薬物の使用、レイプ被害といった体験をしたギャルたちと関わった。彼女たちと恋愛関係だった際に感じた強い憤りや、悲しさ、そして切実な問題意識は形を変えてもずっと私の心に残り続けている。そのため、ギャルたちやその周囲の人々、それらを取り巻く社会を見るときも、色眼鏡で見てしまっている可能性は否定できない。そして、自分自身の経験から感じた問題を調査対象やその周囲から探してしまっている可能性がある。


今まで、異性を対象とする私の研究における三つの問題点について述べてきた。これらに対してはさまざまな対策が考えられるが、最後に付け加えたいことがある。それは、「恋愛の影響」という問題点が、深い理解や新たな知見を生み出すこと、そして、研究を遂行する強い覚悟や動機づけにも結びつき得るということである。

私自身の例をあげよう。修士論文をもとにした『ギャルとギャル男の文化人類学』(2)という本を執筆していたときのことだ。私は当初、ギャルやギャル男の文化・価値観、そして彼ら彼女らを取り巻く社会の問題点を記述することにためらいがあった。危険な目に遭うのではないかという恐れや、良い側面だけを描き、ギャル文化を肯定しておいた方が書籍の売上げもよく、自分のキャリアにも有利なのではないかという打算もあった。なにより、深く関わった当事者として、**アイデンティティ**の問題を乗り越

(2) 荒井悠介『ギャルとギャル男の文化人類学』新潮新書、二〇〇九年。

えること、自分を育ててくれた環境やその背景の負の側面を描くことへの心理的抵抗が強く、書き進められない状態が続いた。

この状態を乗り越えることができたきっかけは、調査協力者たちやそれを取り巻くものごとを通して、過去の恋愛相手や自分自身、そのときに感じた問題意識を呼び起され、気持の濃度が高まっていったことだった。徐々に自分のなかにあった打算や恐れ、心理的抵抗を乗り越えて書き進めることができるようになり、そのうちに自分の恋愛を通じて生まれた問題意識にもとらわれすぎなくなった。

そして、深く関わった当事者として、なにをすべきなのか、どのような作品を作ることが正しいのかを考えるようになった。その結果、覚悟を決めて、肯定的な側面だけでなく否定的な側面も描き、批判すべき点は批判することで、後の世代の若者の役に立つような作品をつくろうと考えるにいたった。

異性を対象とする研究において、調査者をめぐる恋愛は多くの問題を持つとされ、語られることなく胸に秘められることも多い。だが、もしかしたらその問題は、自分なりの正しさを見いだすひとつのきっかけにもなるかもしれない。

■お嬢様がお嬢様を調査するジレンマ

篠宮芙美子

「お嬢様」というと、どのような人を思い浮かべるだろうか。育ちが良く品があり、それゆえにプライドが高い、あるいは世間知らずでおっとりしている、といったイメージが浮かんでくるかもしれない。

けれども「お嬢様とは誰か」という問いには、なかなかうまく答えられない気がする。お嬢様とはお金持ちの家の娘であると考える人もいるかもしれない。しかし、権威はあっても富はない「没落貴族」はどうだろう。ではお嬢様とは、華族家の女性といった、身分制度に裏打ちされた存在なのだろうか。そうだとすると、戦後華族制度が廃止されたのち公的には上流階級は皇族を除いて存在しないのだから、現代のお嬢様には皇族しかいないことになる。にもかかわらず、お嬢様と名指されたり、自分がお嬢様だと思ったりしている「誰か」は、そこら中にいる。

実は私も、その「誰か」の一人だそうだ。私自身「こう見えて、実は、お嬢様なんだね」と言われてきた。この言い回しの面白さと厄介さをわかってほしい。私が「こう見えている」ことと「お嬢様らしさ」は相反するにもかかわらず、私はお嬢様であるらしい。金髪（縦ロールではない）に多数のピアス、攻撃的なネイルをしている私でも、経てきた教育過程や父の職業によれば不思議とお嬢様になってしまうらしい。

ここにも「誰か」を考える難しさが表われている。

このような、何だかよくわからない「お嬢様」というものを捉えてみたいと思い、お嬢様研究をしている。誤解を恐れず、さまざまな葛藤をすべて無視し、非常に単純化していえば、私がしていることは「お嬢様がお嬢様を研究している」と言えるのかもしれない。

これまで多くのお嬢様たちからお話をうかがってきた。お会いしてきた方々は、見た目だけをいえば、お義母様ウケ抜群であろう物腰柔らかくおしとやかな女性から、ファッション雑誌に取り上げられそうなおしゃれな女子大生、ハスキーボイスがカッコいいバンドのボーカリストまで、本当に多種多様だった。けれどもよくよくお話をうかがっていると、彼女たちには似通ったバックグラウンドや憤りといった共通項があるらしい。インタヴュー調査を通して、少しずつ謎が明らかになってくる喜びをかみしめているところだ。

一方、上手くいかないことも星の数ほどある。なかでもいちばんの悩みは、「お嬢様」として引き出した語りを「研究者」として客観的に考察するジレンマだ。おそらくこれは、私が**インサイダーとアウトサイダーという両面性**をもっているために生じるものだろう。

インタヴューの場では、私は積極的にお嬢様であろうとしている。あえてブランドの時計やアクセサリーをしたり、いつも以上にマナーや言葉使いに気を遣ったりしている。さらに重要なのは「お嬢様の研究」をするに至った理由や、私がなぜお嬢様と言われてきたのかを丁寧に説明することだ。

こうして戦略的に私もお嬢様となることで、インタヴュイーから「あなたも私と同じお嬢様なのだから、私の苦労や苛立ち、そしてお嬢様としてのプライドがわかるでしょう?」と、暗に、またははっきりと言われることもあった。そうして得た語りのなかには、「上流」故の悩みや、苦労知らずと捉えられ非難されかねないような話も含まれている。「○○家の娘、という言葉が何をするにも付きまとう」、「父の意向があるから好きな人とは結婚できないだろう」といった憤り、お小遣いや奨学金の存在を知らない金銭感覚、「これまで親が何でもしてくれたし、これからもどうにかしてくるだろうから就職活動はしない」という将来設計、あるいは「ほしいものはすべて手に入れてきたし、やりたいことはすべてやらせてもらってきた。挫折したことはない」というプライド……。

以上のように、お嬢様である語り手は、聞き手である私が「お嬢様」だからこそ話せる話をしてくれているのかもしれない。それは、背景知や私自身の似通った経験をインタヴュー上で表出・利用した調査として、おそらく成功だと言えるだろう。実際に、私にとって興味深い話が聞けただけでなく、語り手も「なかなか話しにくいことを聞いてくれてありがとう」と言ってくれたこともあったのだ。

しかしインタヴュー・データを考察する際には、私は「お嬢様」から「研究者」にならなければならないと感じている。インタヴューに協力してくれたお嬢様たちと、たとえ笑顔で手を振って別れたとしても、パソコンに向かってインタヴューを文字に起こし分析を始めた時から、私は、彼女との笑いが絶えなかった楽しい「おしゃべり」から一度距離をおき、冷静な態度で「インタヴュー・データ」と向き合うことになる。そうして「研究者」としてお嬢様たちの語りに向き合うとなれば、客観的に、時には批判的に考察することもある。

その時いつも、お嬢様たちが「お嬢様」である私に話した内容を、「研究者」である私が考察することは、彼女たちへの**裏切り**になるのではないかという不安に駆られる。調査に協力してくれたお嬢様たちにしてみれば、私のしていることは、インタヴューでは仲間だった人が突然「私はお嬢様じゃないから」と素知らぬ顔をして、自分たちの知らないところでデータを解釈しているとも捉えられるだろう。もとはといえば、自分もお嬢様とされることで少なからず感じているお嬢様たちの生きづらさをどうにかしたいと思って始めた研究だったのにもかかわらず、もしかすると結果的に彼女たちの信頼を損ない、プライドを傷つけてしまうかもしれない(1)。

このような心配を常に抱きながら、お嬢様としてお嬢様を調査・考察している。調査対象者の仲間であり研究者でもあることは、大きな強みであると同時に大きなジレンマを引き起こすことにもなりうる、と思い知らされている。

(1) 実際過去に、この「裏切り」によってお嬢様を傷つけてしまったことがあった。「同じお嬢様だからこそ話したことを、あのように使われるとは思っておらずショックをうけた」という趣旨のことを言われてしまったのだ。

■恋愛感情にまつわることからは逃れられない

熱田敬子

「フィールドワークを行なう者は、他者から話を真剣に聞き続ける限り、恋愛感情にまつわることから逃れられない」[1]というのは、あたっている。エスノグラフィーを書く過程では、フィールドで出会う人たちと密接な関係を持つことになる。あなたの人間性の相当深い部分まで試される経験になりうるし、インタヴューでは相手の、あまり表に出ることのない面を見ることも多い。また、相手の話を真剣に聞くということは、通常、相手への強い関心や好意の表われと解釈されがちだ。

実は、私は調査を初期の段階で断念したことがある。あるイベントのエスノグラフィーを書こうとした時だ。中心人物の一人Vさんは最初のインタヴューで、熱心に話してくれた。インタヴューは、長くとも二時間ほどできりあげることが多いが、この時は四時間を超え、次に仲間の集まる居酒屋にも誘われた。迷ったが、Vさんの話は私が知りたいことの核心に迫っており、とても面白かった。調査者には知合いをつくる機会も捨てがたい。結局私はその招待を受けてしまった。

帰宅後、私は後悔におそわれる。Vさんから、露骨な言葉で不倫のお誘いメールがきていたのだ。Vさんは既婚者で、妻もイベントに関わる女性たちの中心人物だ。お断わりしたが、その後も同じメールがくる。期待に答えない私への怒りをにじませる

(1) 宮内洋『体験と経験のフィールドワーク』北大路書房、二〇〇五年、七一頁。

Vさんとは連絡を絶ち、調査はそれきりになってしまった。

フィールドでのセクシュアル・ハラスメントや、共同調査者などが不幸にしてストーカーになった話は、実はそれほど珍しいものではない。ことに、調査者が女性で、インタヴュイーが男性の場合、調査者以前に女性として見られてしまうということが思われているために、**共感的に話を聞く能力**が一般的に女性的なものだと思われているために、調査者以前に女性として見られてしまうという**ジェンダー・バイアス**が存在するようだ[2]。私は調査初期の段階だったが、調査をやめれば学位が危ういような例では、深刻な問題になりうる。

「わたし／おれはそんなにモテないから」と思ったあなた、そういう問題ではない。面倒な話でも尻込みせず、じっくり話を聞いてくれる相手が自分にとってどんな人か考えれば、相手に自分がどう見えるかわかるのではないか。もちろん、自分がセクハラ加害者になる可能性だって常にある。

同性対象の調査だからといって、恋愛感情に無縁ではない。また、共感的な場で話す／聞くという関係は、恋愛でなくとも親密な感情を起こさせる。同時に、心理的な依存や、思わぬ相手に心のうちを吐露してしまったという怒りをまねくこともある。「友人」であるあなたに打ち明け話をしたと相手が感じていた場合など、論文の記述に自分の話がおとしこまれることに、予想外の驚きや、抵抗を感じることもある。

人と出会うことを恐れてほしくはないけれど、人と出会うことには同時にリスクや、気をつけるべきことがらもある。以下、いくつか具体的な注意を記してみる。

(2) 麦倉泰子「障害とジェンダーをめぐる複数の視線——知的障害を持つ男性のセルフ・ストーリー」(桜井厚編『ライフストーリーとジェンダー』せりか書房、二〇〇三年)。

（一）**最初のインタヴューは二時間を超えたら一度切り上げる。**

相手も暇ななかでお相手してくださっているわけではない。通常のインタヴュー等では、二時間ほどが限界だろう。一度に親しくなりすぎるのもよくないことがある。もっともお年寄りのインタヴューなどでは、もっとゆっくりしたペースの時もあるし、遠隔地に行っての調査では一度にたくさんのことをすませないといけない場合もある。状況に応じて判断したい。

（二）**一度にすべてを聞こうとしない。**

波平恵美子は「聞きたいけどもうそこからは聞かないという態度」をとり、いかに聞きすぎないかに気を配るべき時もあると述べている。(3) 場の勢いで他人に話をしてしまい、あとで困る経験は誰にもあるだろう。そうした思いを相手に残すことは、さけたほうがいい。

（三）**調査の目的は、折に触れ、しつこく説明する。**

あなたの何に興味があるのかということを、折に触れ伝える。調査の目的は「調査の説明と同意」の項目にもあるように、最初に伝えるのが通例だが、一度で意図が伝わることはまれである。「この人は論文を書こうとしている人だ」と会話のなかで思い出してもらい、また相手の意見を聞くことで自分の調査意図を修正することもできる。

（3）波平恵美子・小田博志『質的研究の方法——いのちの〈現場〉を読みとく』春秋社、二〇一〇年。

（四）インタヴュイーへのテープ起こしや調査結果の説明を、調査・執筆の各段階で行なう。

そのときに、すこしずつ、執筆された論文ではこの部分を使いたいのだけど、などという話もしてみると、相手のイメージも湧きやすくなるかもしれない。（私もテープ起こしが遅く、フィードバックが遅れてしまっていたりするのだが……）

（五）自分のフィールドでの行動を、プライヴァシーや守秘義務に触れない範囲で、フィールド外の他人に話しておく。フィールドノートで行動の記録をつける。

友人でもいいが、信頼できる指導教員や同じ研究分野の先輩に、折に触れ意見を求めるのも効果的だ。

（六）不特定多数に配る名刺などには、自宅の住所を書かない。

（七）インタヴューはできるだけ、カフェや、自宅であれば他の部屋に人がいる時間帯など、話の内容は他人に聞かれないが、密室にはならない場所で行なう。

インタヴュー相手は信用できても、第三者からあらぬ誤解を受けてしまうこともあるのだ。

これは、私が経験則から書き出してみたことで、必ずしも正解というわけではない。調査、フィールドにおける人間関係の問題や失敗のケースが、いろいろな場で議論され、相互批判をへて共有されることを、失敗だらけの迷い多き調査者として願っている。

おわりに

一読して、この本は繰り返しばかりだと感じられた読者もいるかもしれない。調査者に現実をすべてそのままに写しとることなどできない、調査者は透明な観察者ではなくて特定の位置におかれている、フィールドワークは人と人との交わりであり、その重層的な関係性こそが分析の対象となる、調査者自身のことを振り返り、その姿をエスノグラフィーに書き込んでいかなければならない……。通読するうちに、これらは当たり前のことにおもえてくるかもしれない。人間である調査者が相手に影響を与えないなんてことはありえないし、誰がした研究かがわからないものなんて読んでも意味がない、とおもわれるかもしれない。

そうであれば、執筆者たちの意図は通じたことになるが、しかし、その「当たり前」が、学術界全般での「当たり前」として確立したとは、まだまだ言えない。調査者が客観性・価値中立性を達成することは可能である、という考えは依然として根強いし、そのいっぽうで、本書で紹介したような方法には、局所的なデータでミクロなレベルの議論しかない、とか、調査者が調査者自身の話ばかりしている、とかいう、誤解をふくんだ批判もある。

「はじめに」にもあるように、本書は、これからフィールドに出る、というときに、より多くの選択肢のなかから方法を選べること、それぞれの強みと弱みを知れることを目指している。言い換えれば、何を「当たり前」として調査を進めていくのかは、やはり、読者ひとりひとりに考えていただきたいのである。たとえ本書が紹介したアプローチのどれも使わないという選択をしたとしても、そういう「当たり前」もあるのだと、知っておくことは大切だ。

本書の執筆者は、実に一四名を数える。私たちもまた、それぞれのポジショナリティ、研究テーマ、そして調査フィールドによって、異なる「当たり前」を擁している。本書をつくりあげる過程においては計一〇回の研究会を開いたが、特に、日本で学んだ、あるいはアメリカ、イギリスで学んだ、それらの二つ、または三つで学んだ、という私たちの異なる背景は、それぞれの現在の研究主題の多様性ともあいまって、刺激的な議論を生み出した。

どこかに出かけ、人々と出会い、関わり、そのなかで苦しんだり、時には苦しめたりもした経験を持つ者たちが集まる研究会だから、理論や方法をただ抽象的に議論することなどできるはずもない。異性の協力者に自宅でのインタヴューを希望され、手料理を振る舞われ、嬉しい反面、居心地が悪くなった話とか、お酒をまじえて披露された生々しい、それゆえに貴重な話が、出版の段階ですべて使用できなくなった話とか、私たちはそれぞれの経験を共有することにもなった。それなりに調査の経験を積んでいるはずの私たちは、しかし、互いの話を聞きながら、そんなことも起きうるのか、そんな状況になったらどうしよう、と、考えを巡らせ、そして必然的に、私はこれまでどう人と接していただろうか、同じような過ちをしていなかっただろうか、と振り返ることにもなった。その意味では、本書の成立過程そのものが、執筆者たちにとって、自己再帰的なプロセスだったと言ってもよいだろう。

　個人的な所感だが、このように学びあい、おもいを深めあうための場が、研究者たちには少なすぎるのかもしれない。インフォーマルな場でのみ、声をひそめて、「四方山話」「楽屋話」をすることが許される、というのではもったいない。それが理論的にも方法論的にも意義があるものであるということに、私たちはもっと注意してもよいだろう。「本には書かなかったことだけれど……」と、後で打ち明け話をするだけでなく、「本にも書いたことだけれど……」と、堂々と、言えるように。


　言うまでもなく、エスノグラフィーやフィールドワークに関する書籍や論文は数多く、本書もそれらに多くを負っている。私たちもまたそうした本を教科書として、フィールドに出る準備をした者たちに他ならない。また、執筆者らをフィールドに送り出し、時にはフィールドに連れ出し、この豊かな方法論の世界に導いてくださった諸先生方、諸先輩方には、深い謝意を捧げなければならない。以下、本書を間接的に、しかし多いに助けてくださった方々を、五十音順にお名前を挙げ、改めて感謝したい。

　有末賢氏、上野千鶴子氏、ロバート・M・エマーソン氏、大久保孝治氏、岡原正幸氏、川合隆男氏、ハーバート・J・ガンズ氏、ロジャー・グッドマン氏、ジェイムズ・クリフォード氏、小林多寿子氏、桜井厚氏、後岡亜由子氏、柘植あづみ氏、保苅実氏、メルヴィン・ポルナー氏、デ

ヴィッド・モーリー氏、ジェニファー・ロバートソン氏

「新しい」と言いながらも、実はもう四半世紀以上の歴史をもつ、この方法。ラディカルな転換をもたらしたと言われながらも、しかし、まだ周縁的な位置にある、この方法論。それがワードマップ・シリーズの一冊に数えられるようになったということの大きさを、厳粛に受け止めている。この企画に期待を寄せてくださり、これだけ多くの執筆者を抱える本の編集の労をおとりくださった、新曜社の渦岡謙一氏にも、お礼を申しあげたい。

エスノグラフィーのおもしろさ、「うまみ」は伝わっただろうか。私たちがこの方法でなければできない、と強くおもい、フィールドに乗り出していったように、読者にも、それぞれにいちばんあうエスノグラフィーを、ぜひ、実践していただきたい。

二〇一三年一月

北村　文

オーディエンス・エスノグラフィー

David Morley, *Family Television: Cultural Power and Domestic Leisure*, London: Comedia, 1986

代表的なオーディエンス・エスノグラフィー。サウスロンドンにある18の家庭でテレビ視聴に関するインタヴューと観察が行なわれた。

竹内郁郎・児島和人・橋元良明編著『新版 メディア・コミュニケーション論』(1・2) 北樹出版、2005年

メディアの受容研究を学べる入門書。「マスメディアの利用と効果」「カルチュラル・スタディーズ」「オーディエンス・エスノグラフィー」の各章が参考になる。

グレアム・ターナー『カルチュラル・スタディーズ入門――理論と英国での発展』溝上由紀ほか訳、作品社、1999年

カルチュラル・スタディーズにおいてオーディエンス・エスノグラフィーがどのように発展してきたのかを学べる、やや高度な入門書。

マルチサイテッド・エスノグラフィー

George E. Marcus,"Ethnography in/of the World System: The Emergence of Multi-Sited Ethnography," *Annual Review of Anthropology*, pp. 24: 95-117, 1995

文化人類学者ジョージ・E・マーカスが、マルチサイテッド・エスノグラフィーを提唱した有名かつ重要な論文。

Michael Burawoy et al. *Global Ethnography*, Berkeley: University of California Press, 2000.

社会学者マイケル・ブラウォイが、グローバル・エスノグラフィーを提唱した書。移民や労働、社会運動に関する論文が収められている。

藤田結子『文化移民――越境する日本の若者とメディア』新曜社、2008年

アーティストとして成功するために東京からニューヨーク、ロンドンへと移住する若者たちを追いかけたマルチサイテッド・エスノグラフィー。

額賀美紗子『越境する日本人家族と教育――「グローバル型能力」育成の葛藤』 勁草書房、2013年

海外日本人コミュニティでの参与観察をもとに、グローバリゼーションが家族の意識や能力形成に及ぼす影響を探るグローバル・エスノグラフィー。

伊豫谷登士翁編『移動から場所を問う――現代移民研究の課題』有信堂高文社、2007年

この本の第1章「存在論的移動のエスノグラフィ」(ガッサン・ハージ執筆)で、マルチサイテッド・エスノグラフィーの問題点を指摘。

ロバート・スミス、エラ・R・ウィスウェル『須恵村の女たち――暮しの民族誌』河村望・斎藤尚文訳、御茶の水書房、1987年

1935-36年熊本県旧須恵村で米国人人類学者ジョン・エンブリーとその妻の言語学者エマ・エンブリーが行なったフィールドワークをもとに、約40年の月日を隔てて出版された2冊。同時期のフィールドワークをもとにしながら、焦点も記述手法も異なる民族誌である。

ライフストーリー

桜井厚『インタビューの社会学――ライフストーリーの聞き方』せりか書房、2002年

ライフストーリーが語り手（調査協力者）と聞き手（調査者）の出会いと対話によって共同構築されたものだという見方を明快に打ち出した、ライフストーリー論の画期をなす書。

桜井厚・小林多寿子編『ライフストーリー・インタビュー――質的研究入門』せりか書房、2005年

ライフストーリー調査の実際を、「はじめる」「おこなう」「解釈する」「書く／もちいる」という調査経験プロセスに沿って、具体的・実践的に解説。

小林多寿子編『ライフストーリー・ガイドブック――ひとがひとに会うために』嵯峨野書院、2010年

数々のライフストーリー作品を系譜的にたどるのと同時に、新たな挑戦という観点からも網羅し紹介。具体的な作品を通じてライフストーリーの世界に誘う。

オートエスノグラフィー

Carolyn Ellis, *The Ethnographic I: A Methodological Novel about Autoethnography*, Alta Mira Press, 2003

大学のゼミの授業を舞台とし、著者が私小説風にオートエスノグラフィーの方法論について語るという、オートエスノグラフィーに関するオートエスノグラフィー。

福島智『盲ろう者として生きて――指点字によるコミュニケーションの復活と再生』明石書店、2011年

視聴覚を喪失した著者がその経験と指点字による新たな世界の獲得の過程について記したオートエスノグラフィー。

岡原正幸「家族と感情の自伝――喘息児としての「私」」井上眞理子・木村英昭編『ファミリズムの再発見』世界思想社、1998年

喘息児であった自分を回想することによって、家族と感情の関係について模索するオートエスノグラフィー。

当事者研究

べてるしあわせ研究所・向谷地生良『レッツ！　当事者研究1』2009年；『レッツ！　当事者研究2』2011年，特定非営利活動法人 地域精神保健福祉機構（コンボ）

2005年の『べてるの家の「当事者研究」』以降、さらに実践を重ねてきたべてるの家発の当事者研究の、最前線が分かる本。実例も豊富で分かりやすい。

向谷地生良『技法以前―べてるの家のつくりかた』医学書院、2009年

べてるの家のソーシャルワーカー向谷地生良による、当事者研究を生んだ考え方。当事者と専門家（学者／研究者）の関係を考える際に、必読の本。

中西正司・上野千鶴子『当事者主権』岩波新書、2003年

当事者概念が人文社会科学や市民運動に広がるきっかけとなった本。この本以降、さまざまな当事者概念に関する考察が行なわれるようになった。

アクション・リサーチ

ノーマン・K・デンジン、イヴォンナ・S・リンカン『質的研究ハンドブック第2巻――質的研究の設計と戦略』平山満義・藤原顕訳、北大路書房、2006年

多様な質的研究法を網羅する一冊。第10章では参加型アクション・リサーチのさまざまなアプローチや型が詳細に述べられている。

清水睦美『ニューカマーの子どもたち――学校と家族の間の日常世界』勁草書房、2006年

教師やボランティア、そしてニューカマー生徒自身と関わり合いながら、排他的な学校文化を変革していく著者の試みが描かれる。

酒井朗編『進学支援の教育臨床社会学――商業高校におけるアクションリサーチ』勁草書房、2007年

教師と研究者が協力しながら進路支援プロジェクトを立ち上げ、生徒の学びや成長を促す過程が明らかにされる。

チーム・エスノグラフィー

Ken C. Erickson and Donald D. Stull, *Doing Team Ethnography: Warnings and Advice*, London: Sage Publications, 1997

チーム編成、フィールドワークから執筆までのプロセスについて具体的に論じた、チーム・エスノグラフィーに関する代表的な入門書。

ジョン・エンブリー『日本の村　須恵村』植村元覚訳、日本経済評論社、1978年

Feminist Practice of Oral History, New York: Routledge, 1991

女性研究者たちがフィールドでの成功と失敗を回顧する論文集。J．ステイシー「フェミニスト・エスノグラフィーは可能か？」を所収。

中谷文美「「女性」から「ジェンダー」へ、そして「ポジショナリティ」へ——フェミニスト人類学の系譜」青木保ほか編『個からする社会展望』岩波講座文化人類学第4巻、1997年

フェミニスト人類学の展開を概説する論文。自己でもあり他者でもある「女」を調査することの、意義と困難を明らかにする。

川橋範子・黒木雅子『混在するめぐみ——ポストコロニアル時代の宗教とフェミニズム』人文書院、2004年

宗教とフェミニズム、ポストコロニアリズムのトリロジーに迫る一冊。仏教界の女性運動、アメリカの日系キリスト教女性のエスノグラフィーを含む。

北村文『日本女性はどこにいるのか——イメージとアイデンティティの政治』勁草書房、2009年

フェミニスト・エスノグラフィーの不可能性に向きあいながら、「日本女性が日本女性を研究する」試み。東京とホノルルを舞台とする。

ネイティヴ・エスノグラフィー

Kirin Narayan, "How Native is a 'Native' Anthropologist?" *American Anthropologist* 95(3), pp.671-686, 1993

調査者がネイティヴを標榜することの意味を批判的に捉えつつ、ネイティヴ・エスノグラフィーがいかにして可能かを探る代表的な論考。

太田好信『民族的近代への介入——文化を語る権利は誰にあるのか』人文書院、2001年

「ネイティヴ」とは誰か、「現地の人々の視点から」とはどういうことか。文化人類学の枠組みを問い直し、知の脱植民地化を目指す論考。

桑山敬己『ネイティヴの人類学と民俗学——知の世界システムと日本』弘文堂、2008年

欧米の学術界を中心とし、ネイティヴ人類学者が周辺に追いやられる「知の世界システム」。日本というひとつの周辺からする問題提起の書。

韓東賢　『チマ・チョゴリ制服の民族誌——その誕生と朝鮮学校の女性たち』双風舎、2006年

小学校から大学まで朝鮮学校に通った著者が、ネイティヴの視点からチマ・チョゴリ制服誕生の経緯と意味を探る。アクティヴ・インタヴューを採用。

親族関係、宗教、社会構造、芸術、神話などに普遍的構造があること
を指摘し、人類学を原則に基づく科学として確立した一冊。

ジャック・デリダ「人文科学の言語表現における構造と記号ゲーム」『エクリチュールと差異』（下）梶谷温子・野村英夫・三好郁郎・若桑毅・阪上脩訳、法政大学出版局、1983 年

デリダが 1966 年に、米ジョンズ・ホプキンズ大学で発表したポスト構造主義の代表作。「脱構築」の原点とされている。

ミシェル・フーコー『言葉と物』渡辺一民・佐々木明訳、新潮社、新装版 2000 年

「真実」の背後には、時代ごとに特有の諸条件があることを明らかにし、エピステーメーとディスクールの関係を説明する名著。

ジャン＝フランソワ・リオタール『ポストモダンの条件 ── 知・社会・言語ゲーム』小林康夫訳、水声社、1989 年

1979 年に「ポストモダン」を定義した重要な著作。当時数多く現われた新しい学術的取り組みに共通する要素を指摘した。

フレドリック・ジェイムスン『カルチュラル・ターン』合庭惇・秦邦生・河野真太郎訳、作品社 、2006 年

ポストモダン文化を後期資本主義の文脈で説明する論文集。ジェイムスンは現代のマルクス主義の権威である。

アクティヴ・インタヴュー

ジェイムズ・ホルスタイン、ジェイバー・グブリアム『アクティヴ・インタビュー ── 相互行為としての社会調査』山田富秋・兼子一・倉石一郎・矢原隆行訳、せりか書房、2004 年

インタヴューとは、知識や情報を受け渡すのではなく創りだす場である ── 質問者と回答者の能動性を取り戻す、方法論的刷新の書。

Jaber F. Gubrium and James A. Holstein Eds., *Postmodern Interviewing*, Thousand Oaks, California: Sage, 2003

現代社会を「インタヴュー社会」として捉えるとともに、その方法論的地平を押し広げる論文集。「再帰性」「詩」「権力」を鍵とする。

山田富秋『フィールドワークのアポリア ── エスノメソドロジーとライフストーリー』せりか書房、2011 年

インタヴューを相互行為と捉え、その過程のエスノグラフィーを通して多元的な物語世界の構築を試みる。薬害ＨＩＶ感染被害問題などを扱う。

フェミニスト・エスノグラフィー

Sandra Berger Gluck and Daphne Patai Eds., *Women's Words: The*

『文化を書く』以前と以後ではエスノグラフィーをめぐる議論が大きく変わった。

ジェイムズ・クリフォード『文化の窮状――二十世紀の民族誌、文学、芸術』太田好信・慶田勝彦・清水展・浜本満・古谷嘉章・星埜守之訳、人文書院、2003年

「文化」という概念が直面しているさまざまな問題を鋭く指摘し多くの反響を呼んだ書。エスノグラフィーの歴史的・文学的側面を考察。

ジョージ・E・マーカス、マイケル・フィッシャー『文化批判としての人類学――人間科学における実験的試み』永渕康之訳、紀伊國屋書店、1989年

「表象の危機」にあるといわれる文化人類学の現状を分析しつつ、新しい批判的エスノグラフィーのあり方を模索する一冊。

クリフォード・ギアツ『文化の解釈学』（1・2）吉田禎吾・中牧弘允・柳川啓一・板橋作美訳、岩波書店、1987年

20世紀の代表的な人類学者ギアツが解釈人類学を提唱した研究書。「厚い記述」という有名な概念はこの本の第1章に出てくる。

Dorinne K. Kondo, *Crafting Selves: Power, Gender, and Discourses of Identity in a Japanese Workplace*, Chicago: University of Chicago Press, 1990

日系人調査者が日本で見いだした人間関係と自身のポジショナリティ。エスノグラフィーとしても日本研究としても革新的な書。

ポストコロニアリズムとフェミニズム

エドワード・W・サイード『オリエンタリズム』今沢紀子訳、平凡社、1993年

「東洋（オリエント）」は、西洋のまなざしによって構築されている――決定的転換をもたらした、表象の政治学の金字塔。

ガヤトリ・C・スピヴァク『サバルタンは語ることができるのか』上村忠男訳、みすず書房、1998年

社会の最底辺におかれたサバルタンたちが、その声を取り戻すためには。「語る―語られる」構造を徹底批判する。

トリン・T・ミンハ『女性・ネイティヴ・他者――ポストコロニアリズムとフェミニズム』竹村和子訳、岩波書店、2011年

理論的論考のなかにイメージや詩を織りこむ独特のスタイルで、「第三世界」「女」「ネイティヴ」を問う、まさに実験的な書。

構造主義、ポスト構造主義、ポストモダニズム

クロード・レヴィ＝ストロース『構造人類学』荒川幾男・生松敬三・川田順造・佐々木明・田島節夫訳、みすず書房、1972年

ブックガイド

フィールドワークの方法

佐藤郁哉『フィールドワークの技法——問いを育てる、仮説をきたえる』新曜社、2002年

社会学的な視座から、「フィールドワーク」を方法論としてとらえた入門書。現場での参与観察からデータ分析までさまざまな技法を詳しく解説している。

小田博志『エスノグラフィー入門——〈現場〉を質的研究する』春秋社、2010年

文化人類学的な視座からエスノグラフィーの方法を解説した入門書。多くの事例を紹介していて、初学者にもわかりやすい内容となっている。

箕浦康子『フィールドワークの技法と実際——マイクロ・エスノグラフィー入門』ミネルヴァ書房、1999年

教育学的な視座からエスノグラフィーを解説した入門書。学生が実際にどのようにエスノグラフィーを用いて調査を行なったのか、6つの事例が載っている。

伝統的なエスノグラフィー

ブロニスワフ・マリノフスキ『西太平洋の遠洋航海者』増田義郎訳、講談社学術文庫、2010年

現在の民族誌の原型となった古典。1922年出版。ニューギニア東沖・トロブリアンド諸島で「クラ」と呼ばれる儀礼的交換システムを分析。

ウィリアム・フット・ホワイト『ストリート・コーナー・ソサエティ』奥田道大・有里典三訳、有斐閣、2000年

社会学的な民族誌の手本となった都市エスノグラフィー。1943年出版。イタリア系移民が集住するボストンのスラム地区で参与観察が行なわれた。

「新しい」アプローチ

ジェイムズ・クリフォード、ジョージ・マーカス編『文化を書く』春日直樹・足羽与志子・橋本和也・多和田裕司・西川麦子・和邇悦子訳、紀伊國屋書店、1996年

伝統的なエスノグラフィーを批判し、大きな論争を巻き起こした一冊。

ま 行

や 行

ら 行

わ 行

た 行

さ　行

事項索引

ま　行

や　行

ら　行

わ　行

な 行

は 行

さ 行

た 行

人名・書名索引

執筆者紹介（五十音順）

熱田敬子（あつた けいこ）
早稲田大学文学学術院社会学博士課程単位取得、満期退学。複数の大学で非常勤講師。ジェンダーと多様性をつなぐフェミニズム自主ゼミナール～ふぇみ・ゼミ運営委員。専門はジェンダー論、社会学。**担当項目**：「当事者研究」「ジェンダー・セクシュアリティ」「話してもらえる私になる」「恋愛感情にまつわることからは逃れられない」

荒井悠介（あらい ゆうすけ）
一橋大学大学院社会学研究科博士後期課程修了。博士（社会学）。現在、明星大学人文学部人間社会学科助教。**担当項目**：「『ギャルとギャル男の文化人類学』の現場から」。

井本由紀（いもと ゆき）
オックスフォード大学大学院社会人類学科博士課程修了。博士（人類学）。現在、慶應義塾大学理工学部専任講師。専門は教育の人類学。**担当項目**：「オートエスノグラフィー」「チームでの実践を振り返る」。

小倉康嗣（おぐら やすつぐ）
慶應義塾大学大学院社会学研究科博士課程単位取得退学。博士（社会学）。現在、慶應義塾大学文学部教授。専門は生の社会学、ライフストーリー研究、記憶と継承の社会学。**担当項目**：「ライフストーリー」「生／ライフ」。

川端浩平（かわばた こうへい）
オーストラリア国立大学アジア学部アジア歴史・社会センター博士課程修了（Ph.D.）。2003年よりダイアローグ岡山で活動。現在、津田塾大学学芸学部准教授。専門はエスニシティ、差別・排除の社会学。**担当項目**：「社会運動・ボランティア」。

篠宮芙美子（しのみや ふみこ）
一橋大学大学院社会学研究科修士課程修了。専門はライフストーリーの社会学、ジェンダー論。**担当項目**：「お嬢様がお嬢様を調査するジレンマ」。

ピーター・ソーントン
(Peter Thornton)

ロンドン大学大学院（ロンドンコンソーシアム）人文学・カルチュラルスタディーズ博士課程修了（Ph.D.）。現在、中央大学法学部准教授。専門は文化理論。**担当項目**：「ポスト構造主義とポストモダニズム」。

田代志門（たしろ しもん）
東北大学大学院文学研究科博士後期課程修了。博士（文学）。現在、東北大学大学院文学研究科准教授。専門は医療社会学、生命倫理学。**担当項目**：「医療・看護」。

照山絢子（てるやま じゅんこ）
ミシガン大学大学院人類学部博士課程修了。筑波大学図書館情報メディア系助教。専門は文化人類学。**担当項目**：「ネイティヴ・エスノグラフィー」「障害」「調査の説明と同意」。

額賀美紗子（ぬかが みさこ）
カリフォルニア大学ロサンゼルス校社会学部博士課程修了。博士（社会学）。現在、東京大学大学院教育学研究科准教授。専門は教育社会学。**担当項目**：「アクション・リサーチ」「マルチサイテッド・エスノグラフィー」「人種・エスニシティ」「学校」。

平野直子（ひらの なおこ）
早稲田大学文学学術院社会学博士課程単位取得退学。現在、駒沢女子大学・中央大学ほか非常勤講師。専門は宗教社会学。**担当項目**：「利益」。

堀口佐知子（ほりぐち さちこ）
オックスフォード大学大学院社会人類学博士課程修了。博士（人類学）。現在、テンプル大学日本校教授。専門は日本の若者のメンタルヘルスや国際教育の人類学。**担当項目**：「チーム・エスノグラフィー」「チームでの実践を振り返る」。

編者紹介

藤田結子（ふじた ゆいこ）

コロンビア大学大学院社会学部修士課程、ロンドン大学ゴールドスミス校メディア・コミュニケーション学部博士課程修了（Ph.D.）。現在、東京大学大学院情報学環准教授。専門は社会学（文化、グローバリゼーション）、メディア研究。著書に『文化移民――越境する日本の若者とメディア』（新曜社、2008 年）。*Cultural Migrants from Japan: Youth, Media, and Migration*, Lanham, Md.: Lexington Books, 2009。

担当項目「エスノグラフィー」「『文化を書く』」「厚い記述」「オーディエンス・エスノグラフィー」「マルチサイテッド・エスノグラフィー」「メディア・大衆文化」「守秘義務と匿名性」。

北村 文（きたむら あや）

東京大学大学院・ハワイ大学大学院を経て、東京大学大学院人文社会系研究科博士課程単位取得退学。現在、津田塾大学学芸学部准教授。専門は社会学（アイデンティティ論、相互行為論）、ジェンダー研究、日本研究。著書に『日本女性はどこにいるのか――イメージとアイデンティティの政治』（勁草書房、2009 年）、『英語は女を救うのか』（筑摩書房、2011 年）。共著書に『合コンの社会学』（光文社新書、2007 年）。

担当項目「自己再帰性」「ポジショナリティ」「表象の政治」「アクティヴ・インタヴュー」「フェミニスト・エスノグラフィー」「ネイティヴ・エスノグラフィー」「アイデンティティ」「権力」「親密性」。

新曜社

ワードマップ

現代エスノグラフィー

新しいフィールドワークの理論と実践

初版第 1 刷発行　2013 年 3 月 7 日
初版第 9 刷発行　2024 年 6 月 17 日

編　者　藤田結子・北村 文
発行者　塩浦 暲
発行所　株式会社 新曜社

101-0051 東京都千代田区神田神保町 3-9
電話 (03)3264-4973(代)・FAX(03)3239-2958
E-mail：info@shin-yo-sha.co.jp
URL：http://www.shin-yo-sha.co.jp/

印　刷　長野印刷商工
製　本　積信堂

ISBN978-4-7885-1328-0　C1030